贯彻落实省委"1310"具体部署系列丛书

锚定新目标

奋力谱写中国式现代化的
广东篇章

中共广东省委党校（广东行政学院） 编

周峰　曾东辰　钮则圳　主编

SPM 南方传媒 ｜ 广东人民出版社

·广州·

图书在版编目（CIP）数据

锚定新目标：奋力谱写中国式现代化的广东篇章 / 中共广东省委党校（广东行政学院）编；周峰，曾东辰，钮则圳主编. —广州：广东人民出版社，2024.5

ISBN 978-7-218-17574-4

Ⅰ．①锚…　Ⅱ．①中…　②周…　③曾…④钮…　Ⅲ．①现代化建设—研究—广东　Ⅳ．①D676.5

中国国家版本馆 CIP 数据核字（2024）第 095918 号

MAODING XIN MUBIAO：FENLI PUXIE ZHONGGUOSHI XIANDAIHUA DE GUANGDONG PIANZHANG

锚定新目标：奋力谱写中国式现代化的广东篇章
中共广东省委党校（广东行政学院）　编
周　峰　曾东辰　钮则圳　主编

出 版 人：肖风华

出版统筹：卢雪华
责任编辑：李宜励
责任校对：刘亦璿
装帧设计：样本工作室
责任技编：吴彦斌

出版发行：广东人民出版社
地　　址：广州市越秀区大沙头四马路 10 号（邮政编码：510199）
电　　话：（020）85716809（总编室）
传　　真：（020）83289585
网　　址：http://www.gdpph.com
印　　刷：广州市豪威彩色印务有限公司
开　　本：787mm×1092mm　1/16
印　　张：12.25　字　　数：180 千
版　　次：2024 年 5 月第 1 版
印　　次：2024 年 5 月第 1 次印刷
定　　价：52.00 元

如发现印装质量问题，影响阅读，请与出版社（020-85716849）联系调换。
售书热线：020-87716172

编委会

主　任：蒋达勇

副主任：刘　朋

成　员：潘向阳　林盛根　许德友

目 录
CONTENTS

前　言

广东，是中国改革开放的排头兵、先行地、实验区。习近平总书记对广东工作高度重视，党的十八大以来，他先后四次视察广东、考察调研，两次参加全国人大会议广东代表团审议，多次对做好广东工作作出重要指示批示，赋予广东重大机遇、重大平台、重大使命。

2023年4月10—13日，习近平总书记在广东视察期间，发表了一系列重要讲话，殷切寄望广东锚定强国建设、民族复兴目标，围绕高质量发展这个首要任务和构建新发展格局这个战略任务，在全面深化改革、扩大高水平对外开放、提升科技自立自强能力、建设现代化产业体系、促进城乡区域协调发展等方面继续走在全国前列，在推进中国式现代化建设中走在前列，并明确要求粤港澳大湾区要成为"新发展格局的战略支点、高质量发展的示范地、中国式现代化的引领地"，为广东奋力开启新征程指明了方向。

作为中国改革开放的排头兵、先行地、实验区，广东在中国式现代化建设的大局中地位重要、作用突出，"走在前列"是习近平总书记立足中国式现代化建设战略全局赋予广东的使命任务，是新时代新征程广东工作的总目标。

广东何以能够"走在前列"？是因为广东有强大的基础。广东35年来连续成为全国第一经济大省，拥有各类经营主体超过1700万户，占全国十分之一；外贸总额约占全国五分之一，连续37年稳居全国首位；在工业制造、财政收入、科技创新等领域同样位居全国第一。正是因为有这样厚实的家底，广东才能一直成为全国经济社会发展的表率。

广东能够走在前列，更是因为有以习近平同志为核心的党中央的坚强领导，有习近平新时代中国特色社会主义思想的科学指引，有广东全省人民对党中央的深情厚爱和一往无前的团结奋斗精神。

新时代十年来，广东能够有力有效应对世界经济严重衰退、中美经贸斗争和疫情大考等严重冲击，攻克一个又一个"娄山关""腊子口"，创造一个又一个发展奇迹，归根到底靠的是习近平总书记、党中央的坚强领导，靠的是习近平新时代中国特色社会主义思想的科学指引，靠的是习近平总书记定于一尊、一锤定音的权威，靠的是习近平总书记山高水长的关怀厚爱。党的二十大报告明确指出："从现在起，中国共产党的中心任务就是团结带领全国各族人民全面建成社会主义现代化强国、实现第二个百年奋斗目标，以中国式现代化全面推进中华民族伟大复兴。"习近平总书记赋予广东"在推进中国式现代化建设中走在前列"的光荣使命，就是希望广东能够成为全面建设社会主义现代化强国、全面推进中华民族伟大复兴的发展表率，在南粤大地展现中国式现代化的根本特色和强大力量。

2023年6月20日，中国共产党广东省第十三届委员会第三次全体会议提出"锚定一个目标，激活'三大动力'，奋力实现十大新突破"的"1310"具体部署，为全省上下以高质量发展为牵引、奋力在推进中国式现代化建设中走在前列提供行动方略。2023年12月29日，中国共产党广东省第十三届委员会第四次全体会议暨省委经济工作会议提出，要紧密围绕落实"1310"具体部署，坚持稳中求进工作总基调，完整、准确、全面贯彻新发展理念，以"再造一个新广东"的意志和干劲，奋力推动广东在推进中国式现代化建设中走在前列，为强国建设、民族复兴作出新的更大贡献。

为帮助广大党员干部群众更好理解与把握习近平总书记对广东工作"走在前列"的根本要求，全面领会广东省委作出的"1310"具体工作部署，中共广东省委党校、广东人民出版社共同策划编写了本教材，供大家进行学习参考。同时，本教材也是广东省委党校重大委托课题"广东在推进中国式现代化建设中走在前列的使命和路径研究"（XYZDWT202301）的相关成果。

　　本教材主要由中共广东省委党校相关老师集体合作完成，具体分工如下：周峰教授负责制定全书提纲、撰写结语、审校等工作，张文渊副教授撰写第一章，钮则圳博士撰写第二章并协助审校全书，谢东杰博士撰写第三章，胡志刚副教授撰写第四章，曾东辰博士撰写第五章并协助审校全书，陈琼珍博士撰写第六章。在撰写过程中，得到了中共广东省委党校和校外各领导专家以及广东人民出版社等相关部门的大力指导与帮助，在此表示衷心感谢；由于时间紧迫，对相关文献文件精神难免领悟不足，有差错处也请读者指正。

编者

2024 年 3 月于广州黄华园

第一章　深刻认识"走在前列"
总目标蕴含的新内涵新使命

党的十八大以来，习近平总书记四次视察广东、两次参加全国人大会议广东代表团审议，每到关键时刻重要节点，都及时为广东发展定向导航。其中，"走在前列"是贯穿始终的一条主线。2023 年 4 月，习近平总书记视察广东期间，明确要求广东要在推进中国式现代化建设中走在前列。

"走在前列"是习近平总书记立足中国式现代化建设战略全局赋予广东的使命任务，是新时代新征程广东工作的总目标。"走在前列"蕴含着丰富的新内涵，我们要着眼强国建设、民族复兴深刻认识总目标蕴含的新使命，着眼高质量发展深刻认识总目标蕴含的新要求，着眼构建新发展格局深刻认识总目标蕴含的新期待，着眼推进中国式现代化建设深刻认识总目标蕴含的新标高，始终立定时代潮头，努力在各领域全方位走在前列，实现从发展窗口向文明窗口的跃升。

一、着眼于强国建设、民族复兴的新使命

党的二十大报告指出："从现在起，中国共产党的中心任务就是团结带领全国各族人民全面建成社会主义现代化强国、实现第二个百年奋斗目标，以中国式现代化全面推进中华民族伟大复兴。"[1] 广东是中

---

[1] 《习近平著作选读》第 1 卷，人民出版社 2023 年版，第 18 页。

国改革开放的排头兵、先行地、实验区，在中国式现代化建设的大局中地位重要、作用突出。我们要深刻认识中国式现代化道路的科学内涵、本质要求，把握好广东所处的历史方位，全力锚定强国建设、民族复兴的新使命。

（一）全面把握中国式现代化道路的科学内涵

世界上既不存在定于一尊的现代化模式，也不存在放之四海而皆准的现代化标准。1983 年 6 月，邓小平在会见参加北京科学技术政策讨论会的外籍专家时就曾明确表示过，我们搞的现代化，是中国式的现代化。我们建设的社会主义，是有中国特色的社会主义。① 我们所推进的现代化，既有各国现代化的共同特征，更有基于国情的中国特色。第一点，我国现代化是人口规模巨大的现代化。14 亿人口的中国要整体迈入现代化社会，其规模超过现有发达国家的总和，将彻底改写现代化的世界版图，在人类历史上是一件有深远影响的大事。第二点，我国现代化是全体人民共同富裕的现代化。共同富裕是中国特色社会主义的本质要求，也是一个长期的历史过程。因此，我国现代化必须坚持以人民为中心的发展思想，自觉主动解决地区差距、城乡差距、收入分配差距，促进社会公平正义，逐步实现全体人民共同富裕，坚决防止两极分化。第三点，我国现代化是物质文明和精神文明相协调的现代化。中国特色社会主义是物质文明和精神文明全面发展的社会主义，中国式现代化是物质文明和精神文明相协调的现代化。我国现代化必须坚持社会主义核心价值观，加强理想信念教育，弘扬中华优秀传统文化，增强人民精神力量，促进物的全面丰富和人的全面发展。第四点，我国现代化是人与自然和谐共生的现代化。我国现代化注重同步推进物质文明建设和生态文明建设，走生产发展、生活富裕、生态良好的文明发展道路，否则资源环境的压力不可承受。第五点，我

① 《邓小平文选》第 3 卷，人民出版社 1993 年版，第 29 页。

国现代化是走和平发展道路的现代化。走和平发展道路，是由中国共产党性质宗旨和我国社会主义制度性质所决定的。中国共产党既为中国人民谋幸福、为中华民族谋复兴，也为人类谋进步、为世界谋大同，始终把为人类作出新的更大贡献作为自己的使命。因此，我国现代化强调同世界各国互利共赢，推动构建人类命运共同体，努力为人类和平与发展作出贡献。实践表明，中国式现代化既切合中国实际，体现了社会主义建设规律，也体现了人类社会发展规律。我国要坚定不移推进中国式现代化，以中国式现代化推进中华民族伟大复兴，不断为人类作出新的更大贡献。

党的二十大报告提出："中国式现代化的本质要求是：坚持中国共产党领导，坚持中国特色社会主义，实现高质量发展，发展全过程人民民主，丰富人民精神世界，实现全体人民共同富裕，促进人与自然和谐共生，推动构建人类命运共同体，创造人类文明新形态。"[①] 这一重要论断是我们党对中国式现代化理论的重要创新，为推进中国式现代化实践提供了行动指南。

坚持中国共产党的领导，坚持中国特色社会主义，这既是中国式现代化区别于西方现代化的根本标志，也是中国式现代化的本质要求。中国式现代化是我们党坚持把马克思主义基本原理同中国具体实际相结合、同中华优秀传统文化相结合的成果，是党团结带领人民独立自主探索开辟出来的新道路。因此，中国式现代化必须坚持中国共产党领导，坚持中国特色社会主义。发展是党执政兴国的第一要务，高质量发展是全面建设社会主义现代化国家的首要任务。推进中国式现代化，全面建成社会主义现代化强国，需要坚实的物质技术基础，必须完整、准确、全面贯彻新发展理念，坚持社会主义市场经济改革方向，坚持高水平对外开放，加快构建以国内大循环为主体、国内国际双循环相互促进的新发展格局。没有民主就没有社会主义，就没有社会主

---

① 《习近平著作选读》第 1 卷，人民出版社 2023 年版，第 20 页。

义的现代化，就没有中华民族伟大复兴。全面建成社会主义现代化强国，必须坚持和发展全过程人民民主。物质贫困不是社会主义，精神贫乏也不是社会主义，中国式现代化既要不断厚植现代化的物质基础，不断夯实人民幸福生活的物质条件，也要大力发展社会主义先进文化，满足人民日益增长的精神文化需求，促进物质的全面丰富和人的全面发展，增强实现中华民族伟大复兴的精神力量。坚持把实现人民对美好生活的向往作为现代化建设的出发点和落脚点，着力维护和促进社会公平正义，着力促进全体人民共同富裕，坚决防止两极分化，最终实现共同富裕。中国式现代化不能走老牌资本主义国家先污染后治理的老路，而是在尊重自然、顺应自然、保护自然的基础上，牢固树立和践行绿水青山就是金山银山的理念，站在人与自然和谐共生的高度来谋划发展，实现人与自然和谐共生。中国共产党深刻洞察人类发展进步潮流，积极回应各国人民普遍关切，为解决人类面临的共同问题作出贡献，① 这说明中国式现代化不仅造福中国人民，而且造福世界人民，是以人民为中心的现代化。中国共产党团结带领全党全国各族人民将马克思主义基本原理同中国具体实际相结合，同中华优秀传统文化相结合，不懈探索、努力奋斗，"成功开辟了实现中华民族伟大复兴的正确道路"，"走出了中国式现代化道路，创造了人类文明新形态"。

总之，中国式现代化不是简单延续我国历史文化的母版，不是简单套用马克思主义经典作家设想的模板，不是其他国家社会主义实践的再版，也不是国外现代化发展的翻版，而是我们党坚持把马克思主义基本原理同中国具体实际相结合、同中华优秀传统文化相结合的成果，是党团结带领人民探索开辟出来的一条新的道路。

（二）以中国式现代化全面推进中华民族伟大复兴

中国的现代化意识萌芽于近代的救亡图存，但由于国家蒙辱，人

---

① 《习近平著作选读》第 1 卷，人民出版社 2023 年版，第 18 页。

民蒙难，文明蒙尘，传统中国社会无法承担民族复兴重任，因而现代化也就无从谈起。"十月革命一声炮响，给中国送来了马克思列宁主义"，从此"以俄为师""走俄国道路"建立社会主义现代化国家就成了中国人民孜孜以求的美好愿景。1945年4月，毛泽东在党的七大所作的《论联合政府》报告指出："在抗日结束以后，可以预断……中国工人阶级的任务，不但是为着建立新民主主义的国家而斗争，而且是为着中国的工业化和农业近代化而斗争。"① 1949年3月，临近新中国成立之际，毛泽东在党的七届二中全会上提出："在革命胜利以后，迅速地恢复和发展生产……使中国稳步地由农业国转变为工业国，把中国建设成一个伟大的社会主义国家。"② 同年6月，毛泽东在《论人民民主专政》一文中再次强调："使中国有可能在工人阶级和共产党的领导之下稳步地由农业国进到工业国，由新民主主义社会进到社会主义社会和共产主义社会，消灭阶级和实现大同。"③

1954年，周恩来在第一届全国人大第一次会议系统提出了四个现代化的奋斗目标。④

改革开放以后，党和国家把事业重心转移到现代化建设上来。邓小平提出中国将要实践的现代化是中国式的现代化模式，是立足国情的、循序渐进的，以满足人民现实生活和事业发展需要为出发点的现代化，并将这一中国式现代化社会概括为"小康社会"。⑤

党的十五大不断丰富和拓展中国式现代化的内涵与规划，提出了"富强民主文明"的社会主义现代化建设目标。⑥ 党的十六大以后，党和国家一方面加速推进小康社会建设，另一方面进一步深化现代化内

① 《毛泽东选集》第3卷，人民出版社1991年版，第1081页。
② 《毛泽东选集》第4卷，人民出版社1991年版，第1437页。
③ 《毛泽东选集》第4卷，人民出版社1991年版，第1476页。
④ 《周恩来选集》下卷，人民出版社1984年，第132页。
⑤ 《邓小平文选》第3卷，人民出版社1993年版，第54页。
⑥ 《十六大以来重要文献选编（下）》，中央文献出版社2008年版，第648页。

涵，提出"四位一体"的现代化总体布局。①

党的十八大以来，以习近平同志为核心的党中央通过一系列战略性举措、变革性实践，使民族复兴的历史伟业进入不可逆转的历史进程。习近平总书记在党的二十大报告中强调："从现在起，中国共产党的中心任务就是团结带领全国各族人民全面建成社会主义现代化强国、实现第二个百年奋斗目标，以中国式现代化全面推进中华民族伟大复兴。"②

2012年11月15日，习近平总书记在十八届中共中央政治局常委同中外记者见面时指出，我们的民族是伟大的民族。在五千多年的文明发展历程中，中华民族为人类文明进步作出了不可磨灭的贡献。近代以后，我们的民族历经磨难，中华民族到了最危险的时候。自那时以来，为了实现中华民族伟大复兴，无数仁人志士奋起抗争，但一次又一次地失败了。总书记进一步指出，中国共产党的成立，使中华民族伟大复兴展现出前所未有的光明前景。他还强调，中国共产党的责任，就是团结带领全国各族人民，接过历史的接力棒，继续为实现中华民族伟大复兴而努力奋斗。2012年11月29日，习近平同志在参观"复兴之路"展览时强调，每个人都有理想和追求，都有自己的梦想。实现中华民族伟大复兴，就是中华民族近代以来最伟大的梦想。这个梦想，凝聚了几代中国人的夙愿，体现了中华民族和中国人民的整体利益，是每一个中华儿女的共同期盼。

党的二十大报告明确作出"中国式现代化，是中国共产党领导的社会主义现代化"③ 这一重大政治论断。在学习贯彻党的二十大精神研讨班开班式上，习近平总书记更是强调："党的领导直接关系中国式现代化的根本方向、前途命运、最终成败。"这说明全面建设社会主义

---

① 《胡锦涛文选》第3卷，人民出版社2016年版，第489—490页。

② 《习近平著作选读》第1卷，人民出版社2023年版，第18页。

③ 《习近平著作选读》第1卷，人民出版社2023年版，第18页。

现代化国家必须坚持党的全面领导，这是全面建设社会主义现代化国家的根本政治要求和最大优势。坚持党的全面领导，必须坚决捍卫"两个确立"，自觉做到在思想上、政治上和行动上同以习近平同志为核心的党中央保持高度一致。

方向决定道路，道路决定命运。党的十八大以来，"举什么旗""走什么路"的问题始终是以习近平同志为核心的党中央旗帜鲜明强调的重大政治问题、理论问题和实践问题。党的二十大报告不仅强调"走什么路"，更是指明了新时代新征程上应该"怎么走""如何走稳"和"如何走好"。党的二十大报告指出："坚持以经济建设为中心，坚持四项基本原则，坚持改革开放，坚持独立自主、自力更生，坚持道不变、志不改，既不走封闭僵化的老路，也不走改旗易帜的邪路，坚持把国家和民族发展放在自己力量的基点上，坚持把中国发展进步的命运牢牢掌握在自己手中。"① 全面建设社会主义现代化国家必须坚持走中国特色社会主义道路。

古人云，"仓廪实则知礼节，衣食足则知荣辱"。马克思和恩格斯也指出，只有在生产力巨大增长和高度发展的前提下，才能真正实现人的自由全面发展。否则，"全部陈腐污浊的东西又要死灰复燃"②，现代化也就无从说起。党的十八大以来，党始终把发展作为第一要务，作为解决我国一切问题的基础和关键。在党的二十大报告中，习近平总书记指出，"高质量发展是全面建设社会主义现代化国家的首要任务"，全面建设社会主义现代化国家必须依靠自身的力量完成高质量发展这一首要任务。

2004 年 6 月 16 日，习近平同志在浙江工作期间强调，"良好的精神状态，是做好一切工作的重要前提"③。新时代新征程上以中国式现代化全面推进中华民族伟大复兴，是一项十分伟大而又艰巨的历史伟

---

① 《习近平著作选读》第 1 卷，人民出版社 2023 年版，第 22 页。
② 《马克思恩格斯选集》第 1 卷，人民出版社 2012 年版，第 166 页。
③ 习近平：《之江新语》，浙江人民出版社 2007 年版，第 60 页。

业，越是接近实现奋斗目标的时刻，就越是"路更陡、浪更急"。因此，在新征程上，我们要始终保持昂扬奋进的精神状态，以中国式现代化全面推进中华民族伟大复兴。

（三）把握历史主动走好广东的现代化道路

习近平总书记在党的二十大报告中强调："坚定历史自信，增强历史主动，谱写新时代中国特色社会主义更加绚丽的华章。"① 这既是对遵循和运用历史规律内在要求的深刻揭示，也是对中国共产党百年奋斗历史经验的深刻认知，彰显了在新征程上以新的伟大奋斗创造新的伟业的高度历史自觉。改革开放 40 多年来，广东发扬历史主动精神，率先改革开放，努力探索中国特色社会主义道路，以"走在前列"标准引领中国式现代化建设，书写了尊重历史规律、把握历史主动、推动历史进步的生动答卷。深刻把握广东改革发展中所蕴含的历史主动精神，对于我们增强历史自觉，扎实推进中国式现代化广东实践，具有重要意义。

做好推进中国式现代化广东实践的理论创新。 马克思主义认为，生产力决定生产关系，生产关系反作用于生产力；经济基础决定上层建筑，上层建筑对经济基础有反作用。概而言之，生产力与生产关系、经济基础与上层建筑之间的矛盾是推动社会发展的基本动力。广东 40 多年的改革开放史，就是一部不断地打破束缚生产力发展的旧的生产关系，构建新的更加适应和促进生产力发展的新的生产关系的历史。新时代以来，习近平总书记先后对广东提出了"三个定位、两个率先""'四个走在全国前列'、当好'两个重要窗口'""在推进中国式现代化建设中走在前列"等战略目标，为广东改革发展定向导航、注入动力。广东结合省域实际先后提出"1+1+9"工作部署、省委"1310"具体部署，扎实推动中国特色社会主义在广东的生动实践。

---

① 《习近平著作选读》第 1 卷，人民出版社 2023 年版，第 2 页。

提高推进中国式现代化广东实践的思想认识。 解放思想、实事求是是马克思主义活的灵魂。解放思想和实事求是是辩证统一的，解放思想是坚持实事求是的前提，只有解放思想，才能切实做到实事求是，实事求是是解放思想的归宿和目的，解放思想是为了更好地做到实事求是。40 多年来，广东大致经历了四次大的思想解放。20 世纪 70 年代末 80 年代初，广东率先突破计划经济的思维定式，接受了市场经济的思想。20 世纪 90 年代初至 90 年代末，广东彻底打破"姓资姓社"的束缚，并在此基础上推动民营经济获得迅速发展。2007 年至 2012 年，广东实施了以人为本、可持续发展为特征的科学发展战略和措施。进入新时代以来，广东深刻理解把握"三新一高"要求，提出了着力激活改革、开放、创新"三大动力"，在新征程中再造一个新广东的新认识。

增强推进中国式现代化广东实践的战略主动。 马克思主义认为，社会存在决定社会意识，社会意识对社会存在具有能动的反作用。勇立潮头、敢想敢干是广东革命精神的气魄，敢为人先是广东人的精神传统，广东作为中国改革开放的排头兵、先行地、实验区，一直在弘扬和传承伟大革命精神和光荣传统。改革开放初期，广东从毗邻港澳、华侨众多的地缘人缘优势出发，以敢为天下先的胆识和气魄，主动请求中央允许广东实行"特殊政策、灵活措施"，在改革开放中先行一步、率先创办经济特区、率先推进各项经济体制改革。从 20 世纪 90 年代初开始，广东先后提出了"中部地区领先，东西两翼齐飞，广大山区崛起"的区域经济发展战略，提出了"着力构建珠三角核心区、沿海经济带、北部生态发展区'一核一带一区'协调发展新格局"的重大部署，以更精准明晰的理念构想促进区域协调发展。2023 年，广东基于世情、国情、省情三重战略考量，提出了坚持制造业当家，大力发展实体经济，打造全球先进制造业基地的宏远目标。

发挥推进中国式现代化广东实践的主体性。 马克思主义唯物史观认为，人民群众是社会变革的决定力量，是创造历史的主体。40 多年来，广东始终坚持以人民为中心的发展思想推进改革发展。一是把回应人民需求作为推进广东改革发展的出发点。新时代以来，广东先后实施"民生十项办事机制""'民生十大工程'五年行动计划"；"支持珠三角与粤东西北产业共建的财政扶持政策"，进而实现共同富裕。二是把人民群众的首创精神作为推进广东改革发展的动力源。广东在改革开放进程中，注重主动激发和引领来源于民间的活力和动力。华为、比亚迪、腾讯、大疆、美的等民营企业的蓬勃发展等，都是尊重群众首创、引领基层探索、注重民生导向的结果。新征程上，广东必须坚持发展为了人民、发展依靠人民、发展成果由人民共享，让现代化建设成果更多更公平惠及全体人民的发展理念。

提升推进中国式现代化广东实践的主动性。实践观点是马克思主义认识论的首要和基本观点。40 多年来，广东从创办经济特区、开放沿海港口城市、实施外引内联策略，到大力实施"走出去"战略、深度参与"一带一路"建设、推进"粤贸全球""粤贸全国"计划，再到以广东自贸试验区建设引领制度型开放，举全省之力建设粤港澳大湾区，打造新发展格局战略支点，广东开放的大门越开越大，开放型经济持续走在全国前列，逐步形成了全方位、多层次、宽领域的全面开放新格局。新时代新征程，机遇面前主动出击，不犹豫、不观望。困难面前迎难而上，不推诿、不逃避。风险面前积极应对，不畏缩、不躲闪。要发扬斗争精神，主动担负历史使命，育先机、开新局，赢得在中国式现代化广东实践的发展主动权。

二、着眼于高质量发展的新要求

党的十九大报告作出了"我国经济已由高速增长阶段转入高质量发展阶段"的科学论断。党的二十大报告进一步指出："高质量发展是全面建设社会主义现代化国家的首要任务。"① 所谓高质量发展，就是能够很好满足人民日益增长的美好生活需要的发展，是体现新发展理念的发展，是创新成为第一动力、协调成为内生特点、绿色成为普遍形态、开放成为必由之路、共享成为根本目的的发展。

（一）实现高质量发展首先要完整、准确、全面贯彻新发展理念

发展是解决我国一切问题的基础和关键。发展理念是否对头，从根本上决定着发展成效乃至成败。党的十八大以来，以习近平同志为核心的党中央科学判断经济形势，形成经济社会发展许多重大理论创新，提出以"创新、协调、绿色、开放、共享"为主要内容的新发展理念。新发展理念是马克思主义发展观的最新理论成果，科学回答了关于发展的目的、动力、方式、路径等一系列理论和实践问题，阐明了我们党关于发展的政治立场、价值导向、发展模式、发展道路等重大政治问题。在新发展理念指引下，我国经济社会发展取得历史性成就、发生历史性变革。实践充分证明，新发展理念具有很强的战略性、纲领性、引领性，是指挥棒、红绿灯，是我国发展思路、发展方向、发展着力点的集中体现，是管全局、管根本、管长远的导向。

创新是民族进步的灵魂，是一个国家兴旺发达的不竭动力，是推动人类社会向前发展的重要力量。把创新摆在第一位，是因为创新是引领发展的第一动力。发展动力决定发展速度、效能、可持续性。对我国这么大体量的经济体来讲，如果动力问题解决不好，要实现经济持续健康发展和"两个翻番"是难以做到的。抓住了创新，就抓住了牵动经济社会发展全局的"牛鼻子"②。

协调发展理念就是要统筹城乡发展、统筹区域发展、统筹经济社

---

① 《习近平著作选读》第 1 卷，人民出版社 2023 年版，第 23 页。
② 《习近平著作选读》第 1 卷，人民出版社 2023 年版，第 425—426 页。

会发展、统筹人与自然和谐发展、统筹国内发展和对外开放，推进生产力和生产关系、经济基础和上层建筑相协调，推进经济、政治、文化建设的各个环节、各个方面相协调的理念。正如总书记所说，我们要学会运用辩证法，善于"弹钢琴"，处理好局部和全局、当前和长远、重点和非重点的关系，在权衡利弊中趋利避害，作出最为有利的战略抉择。从当前我国发展中不平衡、不协调、不可持续的突出问题出发，我们要着力推动区域协调发展、城乡协调发展、物质文明和精神文明协调发展，推动经济建设和国防建设融合发展。

绿色发展理念是对发展规律的科学反映，是中国共产党人对自然界发展规律、人类社会发展规律、中国特色社会主义建设规律在理论认识上的升华和飞跃，更是对全球生态环境的变化和我国当前发展所面临的突出问题的积极回应。

必须树立和践行绿水青山就是金山银山的理念，坚持节约资源和保护环境的基本国策，像对待生命一样对待生态环境，统筹山水林田湖草系统治理，实行最严格的生态环境保护制度，形成绿色发展方式和生活方式，坚定走生产发展、生活富裕、生态良好的文明发展道路，建设美丽中国，为人民创造良好生产生活环境，为全球生态安全作出贡献。绿色发展，就其要义来讲，是要解决好人与自然和谐共生问题。人类发展活动必须尊重自然、顺应自然、保护自然，否则就会遭到大自然的报复，这个规律谁也无法抗拒。

共同富裕是马克思主义的一个基本目标，也是中华民族一直以来的基本理想。共享包括全民共享、全面共享、共建共享、渐进共享。坚持共享发展，必须坚持发展为了人民、发展依靠人民、发展成果由人民共享。只有通过共享发展成果才能确立广大人民群众的主体地位，充分发挥他们的聪明才智，创造出更大、更多、更好的共享成果，满足人民群众不断增长的物质文化和精神文化的需要，不断推进社会公平正义的实现进程。

2016年1月18日，习近平总书记在省部级主要领导干部学习贯彻十八届五中全会精神专题研讨班开班式上的讲话指出，实践告诉我们，要发展壮大，必须主动顺应经济全球化潮流，坚持对外开放，充分运用人类社会创造的先进科学技术成果和有益管理经验。要不断探索实践，提高把握国内国际两个大局的自觉性和能力，提高对外开放质量和水平。中国坚持对外开放的基本国策，坚持打开国门搞建设。中国开放的大门不会关闭，只会越开越大！①

完整、准确、全面贯彻新发展理念，重点需要做好三个方面。一是从根本宗旨把握新发展理念。为人民谋幸福、为民族谋复兴，这既是我们党领导现代化建设的出发点和落脚点，也是新发展理念的"根"和"魂"。二是从问题导向把握新发展理念。我国发展已经站在新的历史起点上，要根据新发展阶段的新要求，坚持问题导向，更加精准地贯彻新发展理念，举措要更加精准务实，切实解决好发展不平衡不充分的问题，真正实现高质量发展。三是从忧患意识把握新发展理念。随着我国社会主要矛盾变化和国际力量对比深刻调整，必须增强忧患意识、坚持底线思维，随时准备应对更加复杂困难的局面。要坚持政治安全、人民安全、国家利益至上有机统一，既要敢于斗争，也要善于斗争，全面做强自己。

（二）科学把握高质量发展的根本内涵

党的二十大报告指出："坚持以推动高质量发展为主题，把实施扩大内需战略同深化供给侧结构性改革有机结合起来，增强国内大循环内生动力和可靠性，提升国际循环质量和水平，加快建设现代化经济体系，着力提高全要素生产率，着力提升产业链供应链韧性和安全水平，着力推进城乡融合和区域协调发展，推动经济实现质的有效提升和量的合理增长。"② 这为我们进一步推进高质量发展指明了实践路

---

① 《习近平著作选读》第2卷，人民出版社2023年版，第143页。
② 《习近平著作选读》第1卷，人民出版社2023年版，第23—24页。

径。高质量发展要把握好"质"和"量"的关系，统筹质的有效提升和量的合理增长，始终坚持质量第一、效益优先，大力增强质量意识，视质量为生命，以高质量为追求。因为没有质量的有效提升，就谈不上高质量发展；没有数量的合理增长，高质量发展就失去了物质和技术的支撑。要坚定不移统筹质的有效提升和量的合理增长，不断壮大我国经济实力、科技实力、综合国力。

推动高质量发展的制度保障。党的二十大报告强调将"构建高水平社会主义市场经济体制"作为加快构建新发展格局、着力推动高质量发展的重要战略任务，是高质量发展的制度保障。加快构建高水平社会主义市场经济体制，需进一步深化国资国企体制机制改革，完善中国特色现代企业制度，深化"放管服"改革，进一步优化民营企业发展的生态环境，推进要素市场化改革，加快构建全国统一大市场，推进产权、准入、信用体系建设，打造高标准市场体系，深化金融体制改革和税制结构改革，健全宏观经济治理体系。

着力建设现代化产业体系。党的二十大报告强调，坚持把发展经济的着力点放在实体经济上，推进新型工业化，加快建设制造强国、质量强国、航天强国、交通强国、网络强国、数字中国[①]。建设现代化产业体系，就是把发展经济的着力点放在实体经济上的重要举措，就要求我们走自主创新之路，推动形成关键核心技术攻关新型举国体制，坚决攻克工业关键核心技术研发难题，提升我国工业化科技含量与综合能力。

全面推进乡村振兴。中国式现代化进程中最艰巨最繁重的任务、最难啃的"硬骨头"仍然在农村。要坚持农业农村优先发展，促进城乡融合发展，畅通城乡要素流动。加快形成工农互促、城乡互补、全面融合、共同繁荣的新型工农城乡关系；加快推进农业农村现代化；建立健全有利于城乡要素合理配置的体制机制，建立健全有利于城乡

---

① 《习近平著作选读》第 1 卷，人民出版社 2023 年版，第 25 页。

基本公共服务普惠共享的体制机制，建立健全有利于城乡基础设施一体化发展的体制机制，建立健全有利于乡村经济多元化发展的体制机制。

大力促进区域协调发展。深入实施区域协调发展战略、区域重大战略、主体功能区战略、新型城镇化战略，优化重大生产力布局，构建优势互补、高质量发展的区域经济布局和国土空间体系。深入贯彻协调发展理念，推动各区域之间的平衡发展，缩小各地区之间的发展差距。聚焦京津冀协同发展、长江三角洲区域一体化发展、黄河流域生态保护和高质量发展、长江经济带建设、粤港澳大湾区建设、成渝地区双城经济圈建设等区域发展战略，打造中国经济高质量发展的动力源。推进以人为核心的新型城镇化，加快农业转移人口市民化。加强区域协调发展、城乡协调发展、行业协调发展，解决发展所面临的深层次不平衡不充分问题。

积极推进高水平对外开放。依托我国超大规模市场优势，以国内大循环吸引全球资源要素，增强国内国际两个市场两种资源联动效应，提升贸易投资合作质量和水平。稳步扩大规则、规制、管理、标准等制度型开放。推动货物贸易优化升级，创新服务贸易发展机制，发展数字贸易，加快建设贸易强国。着力依法打造国际化一流营商环境，提高投资便利化程度，构建更高标准、更高质量自贸区网络。推动共建"一带一路"高质量发展，深度参与全球产业分工和合作，维护多元稳定的国际经济格局和经贸关系。

（三）广东要在高质量发展上发挥示范引领作用

"百千万工程"破解广东城乡区域发展不平衡。习近平总书记指出，发展不协调是我国长期存在的问题，集中表现在区域、城乡、经济和社会、物质文明和精神文明、经济建设和国防建设等关系上。广东经济总量连续35年居全国第一，但与此同时，一直以来，城乡区域发展不平衡也是广东的基本省情。广东县域面积占全省超过七成，但经济总量仅占一成多。最新统计数据显示，2022 年珠三角 9 个市经济总量占全省比例超过八成，而粤东粤西粤北地区 12 个市加起来占比不到两成。广东其实就是中国经济的缩影，既有最发达的珠三角，又有比较落后的粤东粤西粤北。广东要继续走在全国前列，最艰巨最繁重的任务在农村，最大的潜力和后劲也在农村。城乡区域发展不平衡是广东高质量发展的最大短板，当前广东城乡融合发展主要面临城乡公共服务不均等、土地资源利用效率不高、农村产业发展水平有待提高、城乡居民收入差距大等问题。正如省委书记黄坤明同志在全省高质量发展大会上所说，广东人口数量多、资源约束紧，提高发展平衡性和协调性的任务又很重，不可能继续拼土地、拼价格、拼劳动力，对这个问题，全省都要有清醒的认识。

郡县治则天下安，县域兴则国家强。立足广东所处的历史方位、历史条件，2022 年 12 月，中共广东省委十三届二次全会决定启动实施"百县千镇万村高质量发展工程"，着力破解广东这一长期存在的"老大难"问题。会议审议通过了《中共广东省委关于实施"百县千镇万村高质量发展工程"促进城乡区域协调发展的决定》。

在 2023 年 1 月 28 日召开的全省高质量发展大会上，广东省提出"深入实施'百县千镇万村高质量发展工程'，全面推进县域经济发展、新型城镇化、乡村振兴，破解城乡区域发展不平衡难题"①。县域是促进城乡融合发展，构建新型工农城乡关系的关键支撑，而广东所实施的"百县千镇万村高质量发展工程"，正是突出县域振兴，高水平谋划推进城乡区域协调发展的重大工程。"百县千镇万村高质量发展工程"关系到党的二十大战略部署在广东落地生根，关系到全省人民群众对美好生活的新期待，关系到广东在新征程中走在全国前列、创造新的辉煌，省委、省政府将举全省之力推进实施，全面壮大县域经济，

---

① 《广东：深入实施"百县千镇万村高质量发展工程"破解城乡区域发展不平衡难题》，广东省人民政府门户网站 2023 年 1 月 29 日。

建设强富绿美新县域。

乡村振兴助力实现共同富裕。中国式现代化是全体人民共同富裕的现代化。新征程上，共同富裕的阶段目标是：到 2035 年全体人民共同富裕取得更为明显的实质性进展，到本世纪中叶全体人民共同富裕基本实现。实现全体人民共同富裕必须解决好发展不平衡和不充分的问题，而当前无论是全国还是广东，发展的薄弱环节仍然在广大农村。全面推进乡村振兴是新时代建设农业强国的重要任务，也是推动广东农村迈向共同富裕的必经之路。在全面推进乡村振兴中逐步实现共同富裕。

习近平总书记在广东茂名高州市根子镇柏桥村视察时强调，"要坚持走共同富裕道路""推进中国式现代化，必须全面推进乡村振兴，解决好城乡区域发展不平衡问题"①。广东要全面推进乡村振兴战略，坚定不移走共同富裕道路，在全面实施"百县千镇万村高质量发展工程"中，解决好城乡区域发展不平衡问题，把短板变成"潜力板"，在全国城乡携手促进共同富裕方面作出广东贡献，为全面推进乡村振兴提供有益的经验借鉴。

新质生产力提升高质量发展。新质生产力，新在新的科学技术、新的生产方式、新的产业形态，核心要义是以科技创新驱动生产力向新的质态跃升。党的十八大以来，习近平总书记四次亲临广东，对广东推动高质量发展、做大做强实体经济、以科技创新推动产业创新作出谆谆指引。总书记强调，广东要做创新驱动排头兵，广东要"着力打造具有全球影响力的科技产业创新中心"。在总书记亲切关怀下，粤港澳大湾区国际科技创新中心、综合性国家科学中心、高水平人才高地等全面建设，鹏城实验室、广州实验室、大科学装置等"国之重器"相继布局，国家技术创新中心、制造业创新中心、科技产业创新中心

---

① 《坚定不移全面深化改革扩大高水平对外开放　在推进中国式现代化建设中走在前列》，《人民日报》2023 年 4 月 14 日。

等密集落地，高水平大学、科研院所、科技领军企业等积厚成势。广东具备了坚实的产业科技创新基础和创新优势，区域创新综合能力连续 7 年全国第一，全省上下形成强烈共识：高质量发展是广东实现现代化的根本出路，高质量发展本质上是创新驱动发展。我们要坚定不移走好高质量发展之路，抓住科技创新这个"牛鼻子"，把创新落到企业上、产业上、发展上，奋力建设一个靠创新进、靠创新强、靠创新胜的现代化的新广东。

推进产业科技创新、发展新质生产力是广东的战略之举、长远之策，也必将是一场艰苦的竞速赛、耐力赛、接力赛。我们要沿着习近平总书记指引的方向加速前进，向着产业科技高峰全力攀登，加快打造具有全球影响力的科技产业创新中心，不断增强高质量发展"硬实力"。

三、着眼于构建新发展格局的新期待

习近平总书记指出："构建以国内大循环为主体、国内国际双循环相互促进的新发展格局，是根据我国发展阶段、环境、条件变化，特别是基于我国比较优势变化，审时度势作出的重大决策。"①

（一）构建新发展格局是必然选择

构建新发展格局是更好发挥我国比较优势、塑造国际合作和竞争新优势的战略抉择。当前，我国经济发展环境出现了变化，特别是生产要素相对优势发生了变化。劳动力成本逐步上升，资源环境承载能力达到瓶颈。与此同时，超大规模市场、人口质量红利、创新发展等优势逐步显现。从需求看，我国拥有 14 亿人口，其中有 4 亿多中等收入人群，我国商品零售额即将超过美国，位居世界首位，今后还有稳

---

① 《习近平著作选读》第 2 卷，人民出版社 2023 年版，第 368 页。

步增长空间。从供给看，我国基于国内大市场形成强大生产能力，是全世界唯一拥有联合国产业分类中全部工业门类的国家。能够促进全球要素资源整合创新，使规模效应和集聚效应最大化发挥。只要顺势而为、精准施策，我们完全有条件构建新发展格局、重塑新竞争优势。

构建新发展格局是适应我国发展新阶段要求、社会主要矛盾变化的必然选择。党的十八大以来，中国特色社会主义进入新时代，我国社会主要矛盾已经转化为人民日益增长的美好生活需要和不平衡不充分的发展之间的矛盾。① 人民美好生活需要日益广泛，不仅对物质文化生活提出了更高要求，而且在民主、法治、公平、正义、安全、环境等方面的要求日益增长。但是，我国经济社会发展在很多地方还存在短板弱项。发展不平衡，主要是区域发展不平衡，行业发展不平衡，制约了整体发展水平提升；发展不充分，主要是发展总量尚不丰富，发展程度尚不够高，发展态势尚不够稳固，这就要求对我国国内经济循环同国际经济循环的关系做出相应的调整。

（二）构建新发展格局是开放的国内国际双循环

构建以国内大循环为主体、国内国际双循环相互促进的新发展格局，是以习近平同志为核心的党中央根据我国发展阶段、环境、条件变化，审时度势作出的重大决策。习近平总书记强调："我们只有加快构建新发展格局，才能夯实我国经济发展的根基、增强发展的安全性稳定性，才能在各种可以预见和难以预见的狂风暴雨、惊涛骇浪中增强我国的生存力、竞争力、发展力、持续力，确保中华民族伟大复兴进程不被迟滞甚至中断，胜利实现全面建成社会主义现代化强国目标。"②

构建新发展格局是把握发展主动权的先手棋，不是被迫之举和权

---

① 《习近平著作选读》第 2 卷，人民出版社 2023 年版，第 9 页。

② 习近平：《加快构建新发展格局　把握未来发展主动权》，《求是》2023 年第 8 期。

宜之计。在当前国际形势充满不稳定性不确定性的背景下，立足国内、依托国内大市场优势，充分挖掘内需潜力，有利于化解外部冲击和外需下降带来的影响，也有利于在极端情况下保证我国经济基本正常运行和社会大局总体稳定。以国内大循环为主体，绝不是关起门来封闭运行，而是通过发挥内需潜力，使国内市场和国际市场更好联通，以国内大循环吸引全球资源要素，更好利用国内国际两个市场两种资源，提高在全球配置资源能力，更好争取开放发展中的战略主动。我国开放的大门不会关闭，只会越开越大。

党中央作出构建新发展格局的战略安排，提出以国内大循环为主体，是针对全国而言的，不是要求各地都搞省内、市内、县内的自我小循环。各地区要找准自己在国内大循环和国内国际双循环中的位置和比较优势，把构建新发展格局同实施区域重大战略、区域协调发展战略、主体功能区战略、建设自由贸易试验区等有机衔接起来，打造改革开放新高地，不能搞"小而全"，更不能以"内循环"的名义搞地区封锁。有条件的地区可以率先探索有利于促进全国构建新发展格局的有效路径，发挥引领和带动作用。

构建新发展格局必须坚定不移贯彻新发展理念。贯彻新发展理念，必然要求构建新发展格局，这是历史逻辑和现实逻辑共同作用使然。要坚持系统观念，加强对各领域发展的前瞻性思考、全局性谋划、战略性布局、整体性推进，加强政策协调配合，使发展的各方面相互促进，把贯彻新发展理念的实践不断引向深入。

习近平总书记强调，构建新发展格局是一个系统工程，既要"操其要于上"，加强战略谋划和顶层设计，也要"分其详于下"，把握工作着力点。一是要加快培育完整内需体系。这是畅通国民经济循环、增强国内大循环主体地位的重要基础。二是要加快实现科技自立自强。这是确保国内大循环畅通、塑造我国在国际大循环中新优势的关键。三是要推动产业链供应链优化升级。这是稳固国内大循环主体地位、增强在国际大循环中带动能力的迫切需要。四是要推进农业农村现代化。城乡经济循环是国内大循环的重要方面，也是确保国内国际两个循环比例关系健康的关键因素。五是要提高人民生活品质。这是畅通国内大循环的出发点和落脚点，也是国内国际双循环相互促进的关键联结点。六是要牢牢守住安全发展这条底线。这是构建新发展格局的重要前提和保障，也是畅通国内大循环的题中应有之义。要把保护人民生命安全摆在首位，全面提高公共安全保障能力，促进人民安居乐业、社会安定有序、国家长治久安。

（三）坚持系统观念推动广东新发展格局加快建设

广东全面建成新发展格局任重道远，要深入贯彻落实立足新发展阶段、贯彻新发展理念、构建新发展格局的要求，加强前瞻性思考、全局性谋划、战略性布局、整体性推进，充分发挥广东优势和特色，以建设粤港澳大湾区、深圳先行示范区等重大改革平台为抓手，不断强化战略支点的支撑功能、联通功能、撬动功能，在构建新发展格局中展现广东更大作为。

一是持续扩大内需。要着力挖掘重点领域消费潜力，培育壮大消费新增长点。一要以新型消费引领消费转型升级，积极发展智慧教育、体育、文旅、医疗，建设"智慧便捷"城乡融合消费网络，促进县域电子商务与现代物流深度融合发展。二要加快升级传统消费，扩大保障性住房供给，推动汽车消费优化升级，打造"粤美乡村"旅游品牌，推进"粤菜师傅""广东技工""南粤家政"三项职业技能提升工程向纵深发展。三要加快建设国际消费枢纽，支持广州、深圳建设国际消费中心。四要把扩大消费需求和改善民生有机结合，全面强化稳就业举措，促进民营经济发展壮大，加大财政支出在教育、医疗、养老等民生领域的投入，加强消费监测，优化消费环境。

二是持续深化改革。习近平总书记指出，广东要坚定不移全面深化改革，扩大高水平对外开放，在推进中国式现代化建设中走在前列。广东要深入推进改革创新，着力破解深层次体制机制障碍。着力打造市场化法治化国际化的一流营商环境，激发经营主体的活力潜能，夯实经济循环的微观基础。深化简政放权、放管结合、优化服务改革。要深化要素市场化改革，建设高标准市场体系，加快构建全国统一大市场。持续深化供给侧结构性改革，突破供给约束堵点、卡点、脆弱点，以高质量供给满足现有需求，不断创造和引领新需求，加快形成需求牵引供给、供给创造需求的更高水平动态平衡。

三是加快产业升级。习近平总书记视察广东时强调，广东要始终坚持以制造业立省，更加重视发展实体经济，加快产业转型升级，推进产业基础高级化、产业链现代化，发展战略性新兴产业，建设更具国际竞争力的现代化产业体系。近年来，广东坚持制造业当家，挺起产业"脊梁"，供给侧结构性改革持续推进，产业结构不断优化，创新能力日益增强，产业体系现代化水平稳步提升。

四是加快实现高水平科技自立自强。广东打造新发展格局战略支点，必须加快建设科技强省，助力国家实现高水平科技自立自强。立足自身优势，主动融入国家科技发展大局，弄通"卡脖子"技术的基础理论和技术原理，实现"精准打靶"。鼓励珠三角地区的科创平台向粤东西北地区开放共享，积极探索"核心城市研发+外围城市孵化产业化"等区域协同创新模式。加快构建龙头企业牵头、高校院所支撑、各创新主体相互协同的创新联合体，实现"科技研发+产业孵化+风险投资"共同驱动，提高科技成果转移转化成效。

五是推进高水平对外开放。广东过去的辉煌得益于改革开放，未来的发展更要靠改革开放。在新发展阶段，面对新目标新形势新任务，广东继续用足用好关键一招，纵深推进粤港澳大湾区，深圳先行示范区和横琴、前海、南沙三大合作平台建设，牵引带动全省改革开放迈上历史性新台阶。

四、着眼于推进中国式现代化建设的新标高

中国式现代化是一种全新的人类文明形态，代表人类文明进步的

发展方向。在推进中国式现代化建设中走在前列,标志着广东要实现从发展窗口向文明窗口的跃升。

(一) 中国式现代化是人类文明新形态

习近平总书记在庆祝中国共产党成立 100 周年大会上强调,"我们坚持和发展中国特色社会主义,推动物质文明、政治文明、精神文明、社会文明、生态文明协调发展,创造了中国式现代化新道路,创造了人类文明新形态"①。中国式现代化,深深植根于中华优秀传统文化,体现科学社会主义的先进本质,借鉴吸收一切人类优秀文明成果,代表人类文明进步的发展方向,展现了不同于西方现代化模式的新图景,是一种全新的人类文明形态。

中国式现代化这条新道路,既体现了近代以来人类社会发展规律和现代化的普遍要求,又同西方的现代化道路有着本质区别,拓展了发展中国家走向现代化的途径,给世界上那些既希望加快发展又希望保持自身独立性的国家和民族提供了全新的选择。

2022 年 10 月,习近平总书记在参加党的二十大广西代表团讨论时深刻指出:"中国走上这条道路,跟中国文化密不可分。我们走的中国特色社会主义道路,它内在的基因密码就在这里,有中华优秀传统文化这个基因。"② 新时代,中华优秀传统文化所蕴含的"天下为公、民为邦本、为政以德、革故鼎新、任人唯贤、天人合一、自强不息、厚德载物、讲信修睦、亲仁善邻"等重要理念与中国式现代化道德建设的要求不谋而合,给予中国共产党人治国理政借鉴启示,为实现第二个百年奋斗目标注入了不竭动力。同时,中国式现代化反作用于中华优秀传统文化,实现创造性转化、创新性发展,使之适应中国式现代化发展的要求。

---

① 《习近平谈治国理政》第 4 卷,外文出版社 2022 年版,第 10 页。
② 《心往一处想劲往一处使　推动中华民族伟大复兴号巨轮乘风破浪扬帆远航》,《环球时报》2022 年 10 月 17 日。

中国式现代化是社会主义的现代化。苏联作为世界上第一个社会主义国家，在短短几十年的发展过程中，从一个落后的农业国变成一个强大的工业国，创造了奇迹，也诞生了"苏联模式"。苏联在社会主义建设过程中，坚持无产阶级政党领导，贯彻有效的经济政治措施为我国开辟社会主义的文明新形态提供了借鉴经验。我们所建设的中国式现代化，"是人口规模巨大的现代化，是全体人民共同富裕的现代化，是物质文明和精神文明相协调的现代化，是人与自然和谐共生的现代化，是走和平发展道路的现代化"。这"五个现代化"，就是我们党领导全国各族人民在长期探索和实践中历经千辛万苦、付出巨大代价取得的重大成果。党的十八大以来，以习近平同志为核心的党中央带领全党全国各族人民砥砺前行，在新中国成立特别是改革开放以来长期探索和实践基础上，成功推进和拓展了中国式现代化。

中国式现代化超越了资本主义文明形态。中国式现代化打破了"现代化＝西方化"的迷思，展现了现代化的另一幅图景，拓展了发展中国家走向现代化的路径选择，为人类对更好社会制度的探索提供了中国方案。随着世界文明快速发展，资本主义生产方式的弊端进一步凸显，人类发觉，以资本主义文明为核心的西方现代化陷入了发展动力不足、和平无法维持、治理逐渐无能的泥淖，不仅无法解决自身难题，更是使全球各国各地区面临生存和发展困境。中国式现代化是中国共产党领导中国人民的伟大创造，是世界文明的重要组成部分，丰富和发展了马克思主义关于人类文明发展的理论，绘制全新的人类文明形态，昭示了人类社会未来发展的光明前景。

（二）粤港澳大湾区要成为中国式现代化的引领地

广东不仅要在经济发展上走在前列，还要在政治、文化、社会、生态文明等各领域全方位走在前列，全面体现中国式现代化的中国特色，在改革开放最前沿充分彰显中国式现代化的无比优越性和强大生命力。

党的十八大以来，习近平总书记四次视察广东，两次参加广东代表团审议，多次对广东工作作出重要指示批示。从"三个定位、两个率先"到"四个坚持、三个支撑、两个走在前列"，从"'四个走在全国前列'、当好'两个重要窗口'"到"在全面建设社会主义现代化国家新征程中走在全国前列、创造新的辉煌"，再到"在推进中国式现代化建设中走在前列"。每到广东发展的重要节点、关键时刻，总书记都及时为我们定向导航，指引广东在新时代伟大征程中经风雨、化危机，应变局、开新局。

中国式现代化广东实践的重大战略叠加优势。党的十八大以来，粤港澳大湾区、深圳先行示范区建设纵深推进，横琴、前海、南沙三大平台建设稳健起步，粤港澳大湾区国际科技创新中心、综合性国家科学中心、高水平人才高地等全面建设，鹏城实验室、广州实验室、大科学装置等"国之重器"相继布局，国家技术创新中心、制造业创新中心、产业创新中心等密集落地，高水平大学、科研院所、科技领军企业等积厚成势，这些都将更好地为广东先行探路中国式现代化赋能。

中国式现代化广东实践的物质基础优势。2023年广东地区生产总值达到13.57万亿元、同比增长4.8%，是全国首个突破13万亿元的省份，总量连续35年位居全国第一。实体经济发达，是全球重要制造基地，截止到2022年12月底，广东市场主体数量超1600万，位居全国第一，培育了广东的平安保险、南方电网、华为、腾讯、广汽、万科、招商银行、美的、比亚迪、顺丰、格力等一大批世界500强企业；市场化、法治化、国际化程度较高，双向投资居全国前列，进出口总额占全国1/5，2024年1—2月份进出口额为13483.35亿元，占全国的24.9%。雄厚的物质条件为先行探路中国式现代化奠定了综合优势、打下了坚实基础。

中国式现代化广东实践的精神支撑优势。推进中国式现代化需要强大的物质力量，也需要强大的精神力量。广东历史文化源远流长，底蕴深厚，有以广府文化、潮汕文化、客家文化、雷州文化等多元文化为特征的岭南传统文化；从大革命时期到土地革命战争时期再到抗日战争时期，党带领广东儿女在历次革命斗争中形成了以各种革命精神为代表的革命文化；改革开放以来，广东适应国内外形势新变化，按照国家发展新要求，顺应人民新期待，孕育出了敢闯敢试、敢为人先、埋头苦干的特区精神。面向新征程，我们要弘扬优秀传统文化，弘扬革命传统，弘扬改革精神、特区精神，以坚定的文化自信凝聚起先行探路中国式现代化的强大精神力量。

（三）广东要为建设中华民族现代文明作出贡献

文化是一个国家、一个民族的灵魂。没有高度的文化自信，没有文化的繁荣兴盛，就没有中华民族伟大复兴。习近平总书记强调，在新的历史起点上继续推动文化繁荣、建设文化强国、建设中华民族现代文明，要坚定文化自信，坚持走自己的路，立足中华民族伟大历史实践和当代实践，用中国道理总结好中国经验，把中国经验提升为中国理论，实现精神上的独立自主。①

2023年6月2日，习近平总书记在北京出席文化传承发展座谈会并发表重要讲话，从党和国家事业发展全局战略高度，对中华文化传承发展的一系列重大理论和现实问题作了全面系统深入阐述，提出了建设中华民族现代文明这一重大课题，为我们在新的历史起点上继续推动文化繁荣、建设文化强国、建设中华民族现代文明指明了前进方向、提供了根本遵循。总书记进一步指出，在五千多年中华文明深厚基础上开辟和发展中国特色社会主义，把马克思主义基本原理同中国具体实际、同中华优秀传统文化相结合是必由之路。

中国共产党成立以来，特别是改革开放以来，广东始终坚持物质文明和精神文明"两手抓两手硬"，始终坚持加强文化建设、强化文化

---

① 习近平：《在文化传承发展座谈会上的讲话》，《求是》2023年第17期。

引领，固中华优秀传统文化本元，行马克思主义正道，不断拓展中国特色社会主义文化发展新路，在经济社会快速发展的同时，公共文化服务水平节节攀升，文化产业持续快速发展，人们精神文化生活不断丰盈，创造了文化建设的奇迹，为广东的发展提供了强大思想保证、精神动力和智力支持。

广东要坚定不移沿着中国式现代化的康庄大道前行，建设好中国特色社会主义先行示范区，率先实现社会主义现代化，向世界彰显中国改革开放的磅礴伟力、中国特色社会主义的无穷魅力，从而成为人类文明新形态的重要代表者。凝聚强大精神力量。在党中央的坚强领导下，一代代广东人披荆斩棘、埋头苦干，使广东成为中国特色社会主义的示范区，成为中国人民创造的世界发展史上的一个奇迹。

进入新时代，广东要勇担新的文化使命，以新气象新作为全面推动广东宣传思想文化工作高质量发展，加快建设更高水平的文化强省和展示中华民族现代文明的重要窗口，为推进中国式现代化的广东实践提供坚强思想保证、强大精神力量、有利文化条件。

要高举思想之旗，坚持不懈用习近平新时代中国特色社会主义思想凝心铸魂，着力在理论学习上深化转化，在研究阐释上求实求新，在宣传普及上用心走心，做到真学真懂真信真用，更好统一思想和行动。要高歌奋进之曲，更好展现广东"走在前列"的蓬勃气象，聚焦强信心做大做强正面宣传，聚焦增效能提升舆论引导能力，聚焦融合发展打造全媒体传播体系，集中优势力量打造"两端一云"，牢牢占据传播制高点，激励全省上下奋进新征程、建功新时代。

岭南文化是中华文明重要一脉，是中华优秀传统文化的重要组成部分。广东在本土文化与中原文化、海外文化的不断交融和碰撞中，形成了开放包容、务实重商、敢为人先的文化特征，拥有广府文化、潮汕文化、客家文化、雷州文化等多元文化。岭南文化既继承、延续中华文明精神内核，也具有岭南地域独特的风格气质。中华文明与异国文明在这里碰撞，岭南文化成为中西文化交流的窗口。

当下，要充分挖掘岭南文化的时代价值，对其进行符合中国式现代化的创造性转化，让岭南文化在大湾区不断焕发新的活力，为推进中国式现代化的广东实践提供文化底蕴和前进动力，进而书写中华民族现代文明的新篇章。

思考题：

1. 广东如何实现高质量发展？

2. 新时代广东的文化使命是什么？

第二章　系统把握"走在前列"总目标的实践基础和时代逻辑

　　总结党的十八大以来习近平总书记多次对广东工作所作出的重要指示批示，从"三个定位、两个率先"到"四个坚持、三个支撑、两个走在前列"，从"'四个走在全国前列'、当好'两个重要窗口'"到"在全面建设社会主义现代化国家新征程中走在全国前列、创造新的辉煌"，再到"在推进中国式现代化建设中走在前列"，可以看出，习近平总书记对广东"走在全国前列"的厚望一脉相承。"走在前列"是广东发展的清晰航标，给广东改革发展注入了强大动力，为广东工作指明了方向、找准了定位。

　　我们要始终坚持以习近平新时代中国特色社会主义思想为指导，坚持系统观念，一体领会、深入贯彻习近平总书记对广东系列重要讲话和重要指示精神，深刻把握广东"走在前列"总目标的实践基础和时代逻辑，守正创新、苦干实干，推动经济社会发展取得新成效。

一、落实"三个定位、两个率先"总目标

　　2012年12月7日至11日，习近平总书记在党的十八大闭幕不久就亲临广东视察，将广东作为履新后到地方调研的首站，向海内外宣示了新一届中央领导集体坚持改革开放的坚强决心，向全党全国发出了凝聚力量、攻坚克难的动员令，殷切希望广东"**努力成为发展中国特色社会主义的排头兵、深化改革开放的先行地、探索科学发展的实**

验区，为率先全面建成小康社会、率先基本实现社会主义现代化而奋斗"①。"三个定位、两个率先"这一总体要求和殷切期望，既是党的十八大精神对广东要求的具体化，将落实党的十八大精神与党中央对广东要求的具体化有机地结合在了一起，也为广东提供了在一定历史阶段内必须为之共同奋斗的前进方向、行动指南和总目标。

历史地进行审视，我们可以发现，习近平总书记关于"三个定位、两个率先"的阐述构成了一个新的理论体系，它以建设现代化广东为核心，以继续担当改革开放排头兵为逻辑起点，以先富带后富为理论支撑，以率先突破为衡量尺度。这一理论体系具有变革创新的思想性、引领发展的前瞻性、先发地区的普适性，辩证统一于现代化广东建设中。"定位"是"率先"的基础，"率先"是"定位"的目标，处处体现出马克思主义科学的世界观和方法论。准确把握、全面理解其独特的思想内核与品质，对指导广东现代化建设大局意义重大。

"定位"就是为实现预定目标的发力方向与实现路径。习近平总书记对广东的"三个定位"，就像一盏引路的明灯，引领广东发展的基本方向。一要成为发展中国特色社会主义的排头兵。所谓排头兵，就是站在队伍最前面的尖兵，是前进路标的先行者。广东要当的排头兵，不是只追求总量大、速度快，追求当某一方面、单一指标的排头兵，而是既重数量更重质量、既重经济更重民生的又好又快的排头兵，是中国特色社会主义的排头兵。二要成为深化改革开放的先行地。所谓先行地，就是先实行、先进行、走在最前面的地区。广东改革开放的先行先试，是率先在文化价值上重塑勇者无畏的改革者形象，在依法善治上更加重视契约精神，在制度创建上完善市场配置资源的机制，在经济布局上全力推动转型升级，在发展后劲上增强合作发展、内生发展、协调发展的动力，在社会管理上更加重视良治、法治和提升保障能力水平。三要成为探索科学发展的试验区。所谓试验区，就是通

---

① 胡春华：《聚合改革正能量　增创发展新优势》，《人民日报》2013 年 10 月 17 日。

过改革试验从而找到新的发展模式、发展路径的地区。科学发展的试验区，强调发展是第一要义，强调发展是解决一切矛盾问题的根本，但发展不是乱发展、没有道理的发展，不是只要物质不要精神的发展，不是只要速度不要质量的发展，不是只要经济不要社会、不要生态的发展，而是好字当头、又好又快的发展。"三个定位"的核心是提升具有可持续发展能力的国际竞争力、增强国际竞争新优势，意义在于引领现代化建设的方向。

"两个率先"的意义在于领路先行。"率先"就是一马当先，敢于突破，是改革前进跑道上的领头羊。小康社会与现代化是两个不同的目标，其中，现代化是追赶、达到和保持世界先进水平的国际竞争力显著提升的过程，其核心是人的解放和生产力解放。党的十八大报告指明，我国社会主义的现代化是经济、政治、文化、社会和生态文明建设"五位一体"的现代化，是全方位、多目标，而不是单一、片面的现代化。可见，如果没有敢于啃硬骨头、勇于冲破思想观念的障碍、勇于冲破利益固化藩篱的胆色与勇气，中国的改革开放就寸步难行，甚至有可能倒退。因此，"两个率先"从本质上要求既要经济加快发展，又要人的全面发展，其意义在于敢于突破，迎难而上，领先前行。

党的十八大后，习近平总书记第一次到地方考察就选择了广东，就是要表明继续推动改革开放的坚定决心，同时要求广东继续担负起先行先试的责任。广东具备改革的底蕴与开放环境，为全国探路充当先行官的基础良好、潜力巨大、前景看好。"三个定位、两个率先"不仅为广东指明了前进方向，也是一份沉甸甸的重托，要求广东担当起先行先试的历史责任，为实现国家富强、民族振兴、人民幸福的中国梦贡献广东的智慧与力量。

广东始终牢记落实"三个定位、两个率先"总目标，牢牢把握主题主线，通盘考虑、全面安排各项工作，集中精力抓要事、攻难事、办大事。全省上下第一时间从四个方面进一步统一思想、凝聚共识，坚定不移地走中国特色社会主义道路，坚定不移地推动改革开放，坚定不移地推动科学发展，动员全省人民为实现"两个率先"而奋斗。广东充分认识到，大力推动各项事业实现新发展，关键是始终不能偏离中国特色社会主义航道；要抓住重点领域和关键环节，全面深化经济体制改革，继续深化行政体制改革，加强和创新社会管理；要以坚定的意志调整经济结构，推动转型升级。尤其需要在以下方面精准发力、久久为功：一是狠抓发展第一要务不动摇。坚持扩内需与稳外需并举，千方百计开拓国内外市场。加大投资特别是民间投资、基础设施建设和招商引资力度，发挥重大项目和重大平台的带动作用，积极培育大型龙头企业，帮助中小企业解决突出困难，做大做强实体经济。二是狠抓经济结构战略性调整不松懈。更加突出创新驱动发展和绿色低碳发展，坚持优先发展现代服务业，提升发展先进制造业，重点发展战略性新兴产业，促进传统产业转型升级，大力发展海洋经济，加快构建具有广东特色的现代产业体系。三是狠抓区域协调发展不延误。深入实施提升珠三角带动东西北战略，坚定不移推进"双转移""腾笼换鸟""凤凰涅槃"，大力促进工业化、信息化、城镇化、农业现代化协调同步发展。四是狠抓改革开放不停滞。以行政审批制度改革先行先试为突破口，加快转变政府职能，带动经济体制改革、行政管理体制改革，加强和创新社会管理，力争在重点领域和关键环节改革攻坚取得新的重要进展。五是狠抓保障和改善民生不马虎。始终把保障和改善民生作为一切工作的出发点与落脚点，坚持尽力而为、量力而行，努力把实事办好、把好事办实，让老百姓得到更多实惠。六是狠抓党建工作不松劲。突出抓好建设高素质干部队伍、加强基层党组织建设、推进反腐倡廉等重点工作。

落实"三个定位、两个率先"总目标，在方法上要求坚持统筹兼顾抓落实。一是立足当前、谋划长远。制定实现"两个率先"时间表，作出系统的谋划和部署，在科学分析和预测的基础上，打好提前量，落实责任制，逐项任务抓落实，多做打基础、利长远的工作。二是突出重点、整体推进。着眼发展全局，区分轻重缓急，把握工作重点，科学配置各方面的资源和力量，加大力度实施转型升级重大战略，推进重点领域改革攻坚，办好重点民生工程。三是区别对待、分类指导。在工作中既要坚持全省一盘棋，确保政令畅通，又要从实际出发，遵循规律、区别对待、分类施策。

党的十八大以来，广东深入学习贯彻习近平总书记系列重要讲话精神和治国理政新理念新思想新战略，始终牢记习近平总书记嘱托，按照党中央决策部署，一步一个脚印地以"三个定位、两个率先"为担职履责的总抓手，按照"五位一体"总体布局和"四个全面"战略布局，以创新、协调、绿色、开放、共享的新发展理念引领广东发展，解放思想，锐意进取，担当起实现中国梦先行先试的重大使命，各项事业取得新的重要进展。可以说，"三个定位、两个率先"总目标是习近平总书记针对全国和广东的发展新形势，首次对广东作出的新定位。实践证明，广东正是在习近平总书记指引下，深刻领会和把握这一新定位，阔步向前探索广东路径，才能快速实现发展的历史性跨越，创造出新时代新征程的广东新辉煌。

二、牢记"四个坚持、三个支撑、两个走在前列"的重托

2017年，广东又迎来了一个改革发展、思想创新的春天。4月4日，习近平总书记对广东工作作出了重要批示，希望广东"**坚持党的领导、坚持中国特色社会主义、坚持新发展理念、坚持改革开放，为全国推进供给侧结构性改革、实施创新驱动发展战略、构建开放型经济新体制提供支撑，努力在全面建成小康社会、加快建设社会主义现代化新征程上走在前列**"[①]。习近平总书记"四个坚持、三个支撑、两

---

① 《南粤春早（伟大征程：纪念改革开放40周年）》，《人民日报》2018年4月23日。

个走在前列"的这一重要批示，与其对广东工作历次批示、嘱托及"三个定位、两个率先"既一脉相承，又是与时俱进的发展。"四个坚持"是广东改革发展的旗帜和原则，"三个支撑"是广东的使命担当和发展路径，"两个走在前列"是广东改革发展的奋斗目标。三者有机联系，相辅相成，层层递进，集中体现了对马克思主义立场观点方法的自觉运用。这一重要批示，是习近平总书记治国理政新理念新思想新战略的重要组成部分，是习近平总书记治国理政新理念新思想新战略在广东的展开和具体化，是中国特色社会主义理论的新发展，是马克思主义中国化的最新成果。

党的十八大以来广东"三个定位、两个率先"的新实践，为"四个坚持、三个支撑、两个走在前列"重要批示这一重大思想创新成果的形成和发展提供了鲜活的经验材料和宝贵的实践园地；"四个坚持、三个支撑、两个走在前列"重要批示这一重大思想理论创新，又与时俱进地对广东的新实践提出了新的更高要求。在广东奋力决胜全面小康、开启建设社会主义现代化新征程的关键时刻，习近平总书记的重要批示，既为广东发展准确把脉定位，描绘了广东推进改革开放的现代化建设的宏伟蓝图，更是对广东干部群众在新的起点上再创新局的有力鞭策。

2017年4月11日，中共广东省委发出了《中共广东省委关于认真学习宣传贯彻习近平总书记重要批示精神的通知》，要求各地各部门迅速行动起来，认真学习宣传贯彻习近平总书记的重要批示精神。牢记习近平总书记重托，必须全面准确领会批示的精神实质，核心是把握好"四个坚持、三个支撑、两个走在前列"的要求。

一是深刻把握"四个坚持"的要求。"四个坚持"是广东改革发展的旗帜、方向和原则。要坚持党的领导，坚决维护以习近平同志为核心的党中央权威，始终在思想上政治上行动上同党中央保持高度一致，按中央的要求做好广东工作，确保中央决策部署在广东得到不折不扣的贯彻落实。要坚持中国特色社会主义，确保广东始终沿着正确方向前进，切实增强"四个自信"，以坚定政治立场书写中国特色社会主义事业的广东新篇章。要坚持新发展理念，引领新常态下的新发展，崇尚创新、注重协调、倡导绿色、厚植开放、推进共享，努力破解发展面临的深层次问题，实现更高质量、更有效率、更加公平、更可持续的发展。要坚持改革开放，始终高举改革开放旗帜，保持改革开放这个广东最大特点，向改革开放要动力、要空间，努力增创体制新优势，构建开放新格局。

二是深刻把握"三个支撑"的要求。 作为经济大省、外经贸大省，为全国提供"三个支撑"是广东必须担当好的历史责任和光荣使命。要把供给侧结构性改革作为经济工作的主线，在振兴实体经济、推动制造业转型升级等方面作出表率、发挥支撑作用。要把创新驱动发展战略作为经济社会发展的核心战略，打造国家科技产业创新中心，建设珠三角国家自主创新示范区，加快形成以创新为主要引领和支撑的经济体系和发展模式。要服务国家外交战略，提高把握国内国际两个大局的自觉性和能力，加快构建开放型经济新体制，推动外经贸向更高层次跃升，当好代表国家参与国际竞争的主力军。

三是深刻把握"两个走在前列"的要求。 "两个走在前列"是广东改革发展的奋斗目标，要求广东保持奋勇争先的精神状态，各方面工作都走在前列，不仅在时间节点上体现率先，更要在发展质量和结构效益上引领示范。要对照全面建成小康社会目标要求，集中力量补齐短板，确保如期高质量全面建成小康社会。同时，要以更高的目标动员和引领全省人民，加快建设社会主义现代化，在实现"两个一百年"奋斗目标进程中走在前列，为实现中华民族伟大复兴的中国梦作出应有贡献。

回首 2017 年，经过近 40 年改革开放，广东发展已经站在了一个新的历史起点上，正处于加快转型的重要战略机遇期。广东面临的机遇，正在由原来加快发展速度的机遇转变为加快经济发展方式转变的机遇，由原来规模快速扩张的机遇转变为提高发展质量和效益的机遇。

经济发展向形态更高级、分工更优化、结构更合理的阶段演化，社会结构深刻变动，人口结构、消费需求和利益格局呈现一系列新特征。只有加快转型步伐，才能成功跨越"中等收入陷阱"，实现更高水平发展。就全省各地区而言，珠三角地区发展先行一步，已经站在更高的起点上，必须以全球视野，对标先进国家和地区，努力打造成为社会主义现代化建设的先行区，引领带动全省向更高发展水平迈进。粤东西北地区正处在全面建成小康社会的关键节点上，必须奋发图强，加快发展步伐，全力补齐短板，确保如期全面建成小康社会。

在这个关键时刻，习近平总书记的重要批示为广东指明了前进方向。广东充分认识到：今后五年，是承前启后、继往开来的关键五年。全省工作的指导思想是：在以习近平同志为核心的党中央坚强领导下，高举中国特色社会主义伟大旗帜，以邓小平理论、"三个代表"重要思想、科学发展观为指导，深入贯彻习近平总书记系列重要讲话精神和治国理政新理念新思想新战略，统筹推进"五位一体"总体布局和协调推进"四个全面"战略布局，牢牢把握稳中求进工作总基调，坚持党的领导、坚持中国特色社会主义、坚持新发展理念、坚持改革开放，为全国推进供给侧结构性改革、实施创新驱动发展战略、构建开放型经济新体制提供支撑，努力在全面建成小康社会、加快建设社会主义现代化新征程上走在前列。必须以习近平总书记重要批示为统领，沿着总书记指引的方向再出发，把握新机遇、应对新挑战，奋力开创广东发展新局面。

三、努力实现"四个走在全国前列"

2018年3月7日，习近平总书记在参加十三届全国人大一次会议广东代表团审议时指出，广东是改革开放的排头兵、先行地、实验区，在我国改革开放和社会主义现代化建设大局中具有十分重要的地位和作用。习近平总书记充分肯定党的十八大以来广东的工作，要求广东的同志们进一步解放思想、改革创新，真抓实干、奋发进取，以新的更大作为开创广东工作新局面，鼓励广东"**在构建推动经济高质量发展体制机制、建设现代化经济体系、形成全面开放新格局、营造共建共治共享社会治理格局上走在全国前列**"①。这是新时代广东改革发展进程中一件具有重大政治意义和深远历史意义的大事，是对全省党员干部的巨大鼓舞和鞭策，为广东在全面建成小康社会、加快建设社会主义现代化新征程上走在前列，注入了强大的精神力量。

党的十八大以来，面对复杂多变的外部环境和经济发展进入新常态等一系列深刻变化，广东全省人民始终牢记习近平总书记的谆谆厚望，砥砺前行，让习近平新时代中国特色社会主义思想和党的十九大精神在南粤大地结下丰硕果实。在经济上，广东适应把握引领经济发展新常态，坚持稳中求进工作总基调，坚定不移推进经济结构战略性调整，全省综合实力迈上历史性新台阶。全省地区生产总值从 2012 年的 5.8 万亿元增加到 2017 年的 13.57 万亿元，截至 2017 年底连续 28 年居全国首位。在全面深化改革上，广东认真落实中央全面深化改革和供给侧结构性改革的部署要求，推动一批重大改革取得突破，发展活力和内生动力不断增强。广东承接国家改革试点任务达 113 项，居全国前列。在创新驱动上，广东坚持把创新驱动发展作为核心战略和总抓手，启动并扎实推进国家科技产业创新中心和珠三角国家自主创新示范区建设，区域创新综合能力排名跃居全国第一。在区域协调上，广东坚持把统筹推进城乡区域发展摆在突出位置，大力推动珠三角优化发展和粤东西北协调发展，城乡区域发展水平进一步提升。在生态文明建设上，广东牢固树立绿水青山就是金山银山的理念，坚决守住生态环保底线，积极推进污染防治三大战役，生态环境持续改善。在构建开放型经济上，广东大力提升开放型经济发展水平，着力培育开

---

① 《习近平李克强栗战书汪洋王沪宁赵乐际韩正分别参加全国人大会议一些代表团审议》，新华社 2018 年 3 月 7 日。

放合作新优势，全方位对外开放新格局进一步形成。在社会民生上，广东坚持以人民为中心的发展思想，持之以恒保障和改善民生，一大批惠民举措落地实施，人民获得感不断增强。在党的建设上，广东认真学习贯彻习近平新时代中国特色社会主义思想和党的十九大精神，牢固树立"四个意识"，落实全面从严治党主体责任，大力推进作风建设。牢记空谈误国，实干兴邦，落实"马上就办、真抓实干、办就办好、滴水穿石"的工作要求，发扬钉钉子精神，促进部门转变职能、聚焦主业、勇于担当。严格落实中央八项规定精神，严厉整治"四风"，严格执行省直单位"三公"经费"零增长"，政府作风持续改善，解决了一批历史遗留问题，推动一批大事难事取得实质性进展。

在新的历史条件下，中国特色社会主义进入了新时代，广东发展也站到了新的历史起点。习近平总书记提出的"四个走在全国前列"的奋斗目标，是科学判断国际国内形势，站在党和国家全局和战略高度，又一次为广东发展把脉定向，为广东做好当前和今后一个时期的工作提供了明确的指引。习近平总书记参加广东代表团审议时的重要讲话，与习近平总书记对广东工作的一系列重要指示批示精神是一脉相承的，是习近平新时代中国特色社会主义思想的理论逻辑和实践逻辑在广东的具体化，是我们做好广东工作的宝贵精神财富、强大思想武器和科学行动指南。

实现习近平总书记"四个走在全国前列"的嘱托，必须将"四个走在全国前列"一体认识、一体把握、一体推进。"四个走在全国前列"，表面上看是四个方面的不同工作和不同要求，但实质上有着共同的核心要义，相辅相成。其中共同的核心要义就是四个方面都紧紧围绕广东在新的发展起点上要实现新发展必须破解的关键性、瓶颈性问题，而且是相互关联、相互制约、相互促进的四个关键性要求和部署。因此，"四个走在全国前列"是层次分明、不可分割而又相互联系、相互贯通、相互作用的统一整体。全面开放是新时代经济社会发展的根本动力，没有全面开放，就不可能构建推动经济高质量发展的体制机制，就不可能建设现代化经济体系，也不可能营造共建共治共享的社会治理格局；经济高质量发展的体制机制、现代化经济体系、共建共治共享的社会治理格局的形成，会进一步推动全面开放的宽度、广度与深度，进而推动社会的全面进步。"四个走在全国前列"抓住了广东发展的重点，同时指出了广东发展的短板。重点是什么？是发展经济，坚持以经济建设为中心，就是坚持党的基本路线，也是打赢精准扶贫、精准脱贫攻坚战的根本保证。因此，我们要花大力气转变发展方式、优化经济结构、转换增长动力。广东发展的短板是什么？除了区域发展不平衡之外，社会民生事业的发展还有很多不充分之处。因此，广东要推动社会治理重心下移，提高社会精细化管理水平，同时要加强社会治理制度建设，形成党委领导、政府负责、社会协同、公众参与、法治保障的社会治理新体制和新格局。

深刻领会习近平总书记对广东工作的重要指示要求，进一步明确工作方向和重点，把新时代发展的路子走对走实走好，广东拿出了更高标准、更严要求、更实举措，以新的更大作为开创广东工作新局面：一是深刻认识和准确把握把广东建设成为践行习近平新时代中国特色社会主义思想，向世界展示我国改革开放成就的重要窗口、国际社会观察我国改革开放的重要窗口是新时代广东发展的总目标。继续弘扬改革开放先行者"杀出一条血路"的精神，进一步解放思想，坚决冲破不符合时代进步要求的思想观念的束缚，坚决破除对传统发展模式的路径依赖和思维定式，以更宽广视野、更高的目标要求、更有力的举措推动全面开放，牢固树立和坚定践行以人民为中心的发展思想，以思想再解放引领改革开放再出发，始终站在改革开放最前沿，把"两个重要窗口"作用充分发挥出来。二是深刻认识和准确把握不忘初心，牢记使命，奋力做到"四个走在全国前列"是新时代广东发展的总任务。要在构建推动经济高质量发展体制机制上走在全国前列，坚决打好三大攻坚战，加快营造有利于创新的环境，深化供给侧结构性改革，加快形成绿色发展体制机制，建立更加有效的区域协调发展新机制，大力实施乡村振兴战略。要在建设现代化经济体系上走在全国前列，把战略性新兴产业发展作为重中之重，把绿色作为产业转型升级的重要标尺，把发展的动力转到创新上来，加快培育世界先进制造业集群，加快建设人才高地。要在形成全面开放新格局上走在全国前列，深度参与"一带一路"建设，积极推进粤港澳大湾区建设，努力把外贸大省提升建设为外贸强省，对标全球最高最好最优塑造营商环境新优势。要在营造共建共治共享社会治理格局上走在全国前列，深入推进平安广东、法治广东建设，完善全社会共同参与、共同治理的基层治理体系，拓展外来人口参与社会治理的途径和方式，塑造社会文明新风尚。三是推进党的建设新的伟大工程，把各级党组织锻造得更加坚强有力，为广东新时代发展提供坚强政治保证和组织保证。旗帜鲜明讲政治，坚决维护政治安全，牢牢掌握意识形态工作领导权，下大力气抓好基层党组织建设，突出政治标准选人用人，坚定不移推进反腐败斗争，始终保持和发扬真抓实干的优良作风，以更大的决心、更大的勇气、更实的措施抓紧抓好管党治党，全面从严全面过硬，不断提高党的建设质量，把各级党组织建设好、建设强。

四、以更大魄力、在更高起点上推进改革开放

广东是改革开放的排头兵、先行地、实验区。2018年10月，改革开放40周年之际，习近平总书记第二次考察深圳，强调"改革开放40周年之际再来这里，就是要向世界宣示中国改革不停顿、开放不止步，中国一定会有让世界刮目相看的新的更大奇迹"①。2020年10月，时值经济特区建立40周年，习近平总书记又一次到广东视察，强调要坚决贯彻党中央战略部署，坚持新发展理念，坚持高质量发展，进一步

---

① 《高举新时代改革开放旗帜　把改革开放不断推向深入》，《人民日报》2018年10月26日。

解放思想、大胆创新、真抓实干、奋发进取，以更大魄力、在更高起点上推进改革开放，在推进粤港澳大湾区建设、推动更高水平对外开放、推动形成现代化经济体系、加强精神文明建设、抓好生态文明建设、保障和改善民生等方面展现新的更大作为，努力在全面建设社会主义现代化国家新征程中走在全国前列、创造新的辉煌①。

40多年前，以习仲勋老书记为代表的广东改革开放开创者先行者敢闯敢试、敢为人先，带领广东人民开启了改革开放跨越式发展的光辉历程。习近平总书记"以更大魄力、在更高起点上推进改革开放"的嘱托，更是有力地引导广东全省上下饮水思源，把改革开放精神代代相传，始终保持勇立潮头、敢为人先、攻坚克难的胆识气魄，坚定不移走好改革开放这条正确之路、强国之路、富民之路，推动思想再解放、改革再深入、工作再落实，在新征程奋力续写更多"春天的故事"。

党的十九大以来，广东牢记嘱托、感恩奋进、乘势而上、起而行之，把学习贯彻习近平总书记对广东工作的系列重要讲话、重要指示批示精神作为首要政治任务，持续开展"大学习、深调研、真落实"，形成"1+1+9"工作部署并不断深化，激励引导广大干部始终永葆"闯"的精神、"创"的劲头、"干"的作风，不断提高攻坚克难、化解矛盾、驾驭复杂局面的能力，在新起点上开创改革开放和现代化建设事业新局面，奋力推动习近平新时代中国特色社会主义思想在南粤大地落地生根、结出丰硕成果。

一是以深化落实"1+1+9"工作部署谱写高质量发展广东篇章。肩负着习近平总书记赋予的在新征程中走在全国前列、创造新的辉煌的使命任务，广东加强前瞻性思考、全局性谋划、战略性布局、整体性推进，科学谋划并不断深化"1+1+9"工作部署，形成推进现代化建设的行动方案和施工图，不懈探索体现中国特色、时代特征、广东

---

① 《以更大魄力在更高起点上推进改革开放　在全面建设社会主义现代化国家新征程中走在全国前列创造新的辉煌》，《人民日报》2020年10月15日。

特点的社会主义现代化建设新路径。党的十九大以来，广东以高度的政治自觉和强有力的工作举措，坚持一张施工图干到底，以钉钉子精神把习近平总书记、党中央要求一项一项落到实处。举全省之力推进"双区"建设和横琴、前海两个合作区建设，持续释放强大驱动效应。大力打造新发展格局战略支点，构建联通内外的贸易、投资、生产、服务网络，强化广州、深圳"双城"联动，增强畅通国内大循环和联通国内国际双循环的功能，努力塑造参与国际合作和竞争新优势。持续抓好科技自立自强，大力推进具有全球影响力的科技和产业创新高地建设，鹏城国家实验室、广州国家实验室挂牌运作，综合性国家科学中心先行启动区加快建设，区域创新综合能力连续 5 年、知识产权综合发展指数连续 9 年领跑全国，发明专利有效量、PCT 国际专利申请量稳居全国第一，国家高新技术企业突破 6 万家。着力构建"一核一带一区"区域发展格局，珠三角核心区发展能级持续提升，沿海经济带产业支撑作用更加强劲，北部生态发展区绿色发展优势凸显，发展协调性平衡性明显增强。扎实推进文化强省建设，有力有效做好民生保障，稳步推进碳达峰碳中和，持续改善生态环境质量，大力建设更高水平的平安广东、法治广东，不断探索出高质量发展的广东路径。

二是探索完善"大学习、深调研、真落实"工作机制。学习是实践之基，调研是成功之道，落实是发展之要。为深刻领悟习近平新时代中国特色社会主义思想是当代中国马克思主义、21 世纪马克思主义，是中华文化和中国精神的时代精华，实现了马克思主义中国化新的飞跃，真正掌握蕴含其中的马克思主义立场观点方法，真正领悟蕴含其中的强大真理力量，广东不断实践探索并完善"大学习、深调研、真落实"工作机制，作为结合实际推动广东工作的基本方法，锲而不舍、长期坚持，持续引向深入。党的十九大以来，广东突出抓好"大学习"，全面落实第一议题制度，坚持以上率下，充分发挥"关键少数"作用，带动"绝大多数"。通过党委（党组）理论学习中心组学习、集中轮训、理论研修、专题研讨等方式，集中开展大轮训，实现从省

级领导到科级以下公务员全覆盖，推动各级领导干部学深悟透习近平
新时代中国特色社会主义思想，全面掌握蕴含其中的马克思主义立场
观点方法，真正让学习习近平新时代中国特色社会主义思想成为全省
干部群众的精神追求、生活习惯、工作常态，做到学习跟进、认识跟
进、行动跟进。聚焦"国之大者"，开展 10 轮 79 个课题的"深调研"，
不断深化对国情省情市情县情的认识和把握，进一步明确新时代广东
发展的方向和路径，找准工作的着力点和突破口，有针对性地制定贯
彻落实的思路举措，形成推动各项工作、解决广东发展重大问题的具
体行动方案。注重把学习成效、调研成果转化为推动党的建设和现代
化建设的实际行动，真抓实干、担当作为，切实做到"真落实"，一步
步把习近平总书记重要指示批示要求转化为广东改革发展的生动实践，
奋力把广东建设成为向世界展示习近平新时代中国特色社会主义思想
的重要窗口和示范区。

三是始终以"闯创干"精气神主动对标最高最好最优。广东用好
改革开放关键一招，弘扬"杀出一条血路"的大无畏精神气魄、"敢
为天下先"的巨大勇气胆略，传承"闯创干"精气神，敢于对标最高
最好最优，在瞄准一流中创造一流，在追求卓越中实现卓越，坚持立
足新发展阶段，以"双区"建设、深圳综合改革试点和横琴、前海两
个合作区建设牵引全面深化改革开放，不断解决前进道路上的各种困
难问题，扫清体制机制障碍，努力走出具有中国特色、时代特征、广
东特点的现代化之路。尤其在"以更大魄力、在更高起点上推进改革
开放"方面，广东更是多措并举、协同发力：

与时俱进全面深化改革，充分激发新的发展活力。改革是由问题
倒逼而产生，又在不断解决问题中而深化。广东不断推出改革举措，
着力推动更深层次改革，把制度机制优势在新的高度进一步立起来：
强化重大改革试点先行探索，批次推动深圳综合改革试点授权事项落
地，支持横琴合作区以清单式申请授权方式在重点领域深化改革，推
进前海合作区现代服务业体制机制创新，支持深港河套深化科技体制

改革，带动广州、佛山、东莞、中山等市的省级改革创新实验区协同探索，推进佛山顺德村级工业园升级改造等基层改革探索。强化创造型、引领型改革突破，聚焦科技创新、国资国企、协调发展、高水平开放、民生服务、生态环境等领域先行先试，打造标志性、引领性改革品牌。强化经济体制改革牵引，扎实推进高标准市场体系建设，深化要素市场化配置等改革，促进有效市场和有为政府更好结合，带动各领域改革纵深推进、同向合成。强化营商环境综合改革示范，推进广州、深圳国家营商环境创新试点，持续抓好数字政府、信用广东建设，深化"放管服"改革，实现审批流程全过程优化、事前事中事后全链条监管、企业发展全周期服务，让市场化法治化国际化营商环境成为广东的金字招牌。

锐意开拓全面扩大开放，着力塑造开放型经济新优势。巩固提升对外经贸合作水平，大力发展数字贸易、跨境电商等新业态，打造一批全球性重要产品中转集拼中心和大宗商品储运基地，牢牢掌握要素配置关键环节、供需对接关键链条、内外循环关键通道，推动高质量引进来、高水平走出去，深化与跨国企业战略合作，引进更多大项目好项目。稳步推进制度型开放，发挥广州南沙、深圳前海、珠海横琴3个自贸片区作用，积极对接《区域全面经济伙伴关系协定》（RCEP）等高标准国际经贸规则，牵引制度型开放不断取得突破。要切实强化开放安全，全面提升自身竞争能力、开放监管能力、风险防控能力。

积极抢占改革开放制高点，在服务大局中展现广东担当。广东始终坚持运用好经济特区"十条宝贵经验"，把深圳、珠海、汕头经济特区办得更好、办得水平更高。全力打造共建"一带一路"的重要引擎，不断深化与共建国家和地区合作。助力国家参与全球经济治理体系改革，支持企业参与行业性国际规则和标准制定。做好新时代"侨"的文章，坚持文化引侨、平台联侨、政策惠侨、经济聚侨，支持汕头华侨经济文化合作试验区等平台建设，引导华侨华人更好发挥投资兴业、双向开放的重要作用。

沿着习近平总书记"以更大魄力、在更高起点上推进改革开放"指引的方向，广东的这些改革创新，既有对中央顶层设计的创造性落实，又有结合自身实际进行的原创性探索，还有在协同性基础上的系统集成创新，切实提高了改革综合效能，推动改革和发展深度融合、高效联动，用广东热火朝天的生动实践、高质量发展的步步向前、人民美好生活的步步登高，推动改革开放迈上历史性新台阶，不断书写着新历史篇章。

五、粤港澳大湾区"一点两地"的全新定位

党的二十大是在我国迈上全面建设社会主义现代化国家新征程、向第二个百年奋斗目标进军的关键时刻召开的一次十分重要的大会，从战略全局深刻阐述了新时代坚持和发展中国特色社会主义的一系列重大理论和实践问题，科学谋划了未来一个时期党和国家事业发展的目标任务和大政方针，在党和国家历史上具有重大而深远的意义。经过党的十八大以来在理论和实践上的创新突破，我们党成功推进和拓展了中国式现代化，创造了人类文明新形态。党的二十大更是明确提出了以中国式现代化全面推进中华民族伟大复兴的使命任务，精辟论述了中国式现代化的中国特色、本质要求和重大原则，深刻阐释了中国式现代化的历史渊源、理论逻辑、实践特征和战略部署。

2023年，是中国全面贯彻落实党的二十大提出的国家发展目标和中心任务的开局之年，也是全面推进中国式现代化建设的关键之年。在这一年，广东面对的是疫情之后世界经济复苏乏力、地缘冲突不断加剧的冲击影响，面对的是经济周期性、产业结构性问题叠加的严峻挑战，面对的是新旧矛盾相互交织、两难多难问题增多的复杂局面。2023年4月，习近平总书记又一次亲临广东视察，并且高屋建瓴地指出，要使粤港澳大湾区成为"新发展格局的战略支点、高质量发展的

示范地、中国式现代化的引领地"①，为广东在新阶段奋进新征程、推进现代化建设指明了前进方向，注入了澎湃动力。

粤港澳大湾区建设，是习近平总书记亲自谋划、亲自部署、亲自推动的重大国家战略，是新时代推动形成我国全面开放新格局的新举措，是推动"一国两制"事业发展的新实践，对广东深化改革、扩大开放具有重要的里程碑意义。推进粤港澳大湾区建设，有利于我省深化与港澳互利合作，促进港澳保持长期繁荣稳定、更好融入国家发展大局，充分彰显"一国两制"强大生命力；有利于我省贯彻落实新发展理念，深入推进供给侧结构性改革，推动经济发展质量变革、效率变革、动力变革，打造高质量发展的典范；有利于推动广东改革开放在新时代、新起点上再出发，全面对接国际高标准市场规则体系，加快构建开放型经济新体制，高水平参与国际经济合作和竞争；有利于我省深度参与"一带一路"建设，携手港澳构建陆海内外联动、东西双向互济的全面开放新格局，构筑"一带一路"对接融汇的重要支撑区。

日月其迈，时盛岁新。习近平总书记赋予粤港澳大湾区"一点两地"新的战略定位和历史使命，为建设好粤港澳大湾区、应对各类发展进程中的风险挑战指明了前进方向、注入了强大动力。

"一点两地"的全新定位，在坐标上明晰了粤港澳大湾区所处的历史方位，凸显了粤港澳大湾区承担的新的历史使命。就"新发展格局"而言，党的二十大强调，我国发展进入战略机遇和风险挑战并存、不确定难预料因素增多的时期。世界进入新的动荡变革期，来自外部的打压遏制随时可能升级。随着外部环境和我国比较优势变化，市场和资源两头在外的国际大循环动能减弱，而内需潜力不断释放，国内市场主导国民经济循环特征更加明显。构建以国内大循环为主体、国内

---

① 《坚定不移全面深化改革扩大高水平对外开放　在推进中国式现代化建设中走在前列》，《人民日报》2023年4月14日。

国际双循环相互促进的新发展格局，有利于把握未来发展主动权，有利于化解外部冲击，保持我国经济持续稳定健康发展的良好局面。粤港澳大湾区是我国开放程度最高、经济活力最强的地区之一，成为新发展格局的战略支点，这就需要发挥大湾区整体效能，更好找准自身在国内大循环和国内国际双循环中的位置和比较优势，在畅通国内大循环、促进国内国际双循环中展现更大担当，在增强内循环内生动力和可靠性、提升外循环质量和水平、内外循环相互促进等三个方面取得新的突破、作出更大贡献。就"高质量发展"而言，高质量发展是全面建设社会主义现代化国家的首要任务。我国经济已经由高速增长阶段转入高质量发展阶段，正处在转变发展方式、优化经济结构、转换增长动力的攻关期。需要以供给侧结构性改革为主线，推动经济发展质量变革、效率变革、动力变革，着力加快建设实体经济、科技创新、现代金融、人力资源协同发展的产业体系，着力构建市场机制有效、微观主体有活力、宏观调控有度的经济体制，不断增强我国经济创新力和竞争力。这需要粤港澳大湾区深刻认识新的历史使命，勇挑重担，立足于"首要任务"来把握高质量发展这个根本出路，切实把高质量发展要求贯穿大湾区建设全过程各方面，打造高质量发展的重要动力源，推动大湾区在高质量发展上走在前列，发挥示范引领、支撑带动作用。尤其要锚定高水平科技自立自强，打造具有全球影响力的国际科技创新中心；坚持教育发展、科技创新、人才培养一体推进，形成良性循环；坚持原始创新、集成创新、开放创新一体设计，实现有效贯通；坚持创新链、产业链、人才链一体部署，推动深度融合，在重要科技领域成为全球领跑者，在前沿交叉领域成为开拓者。就"中国式现代化"而言，党的二十大明确指出，中国式现代化既有各国现代化的共同特征，更有基于自己国情的中国特色。中国式现代化是人口规模巨大的现代化，是全体人民共同富裕的现代化，是物质文明和精神文明相协调的现代化，是人与自然和谐共生的现代化，是走和平发展道路的现代化。中国式现代化代表了人类文明进步的发展方向，展现了不同于西方现代化模式的新图景，是一种全新的人类文明形态。推进中国式现代化，是一项前无古人的开创性事业，是一个探索性事业，还有许多未知领域，需要我们在实践中去大胆探索。"中国式现代化的引领地"这一战略定位，意味着粤港澳大湾区要从发展维度跃升到文明维度，既要全力打造全国经济重要增长极，又要勇担新的文化使命，书写中华民族现代文明的大湾区篇章，建设好具有中国式现代化鲜明特质的国际一流湾区和展示中华民族现代文明的重要窗口。

"一点两地"的全新定位，在战略层面上集成了粤港澳大湾区具备的叠加优势。与世界上纽约湾区、旧金山湾区、东京湾区三大湾区相比，粤港澳大湾区的面积大于其他三大湾区面积之和，常住人口目前超过 8600 万，10 年间人口净增了 35%，增速在四大湾区中遥遥领先，日益释放出强烈的"虹吸效应"，散发出"近悦远来、群英荟萃"的区位吸引力。近年来，随着《粤港澳大湾区发展规划纲要》不断深入实施，我们已经取得了阶段性成就，大湾区交通区位条件好、国际化程度高、经济活力强、产业体系完备、创新要素集聚的优势得到强化。如今，粤港澳大湾区产业竞争力更加强大，正加快迈向全球价值链中高端。我们要站在新的更高起点上，把握好大湾区建设的优势、高度和方向，把握好大湾区建设新的阶段性方位特征。同时，粤港澳大湾区凸显出"一国两制"实践的内涵更加丰富，创新空间更广。粤港澳大湾区充分发挥综合优势，创新体制机制，促进要素流通，粤港澳三地协作渐入佳境。三地之间既有"硬连接"——广深港高铁等打造"轨道上的大湾区"，港珠澳大桥飞架三地，深中通道海底隧道成功合龙，"澳车北上""港车北上"相继实施；又有"软联通"——"深港通"落地实施，部分职业资格实现互认，"湾区标准"规范衔接；还有"心相通"——得益于日渐高效的通关模式和良好的营商环境，港澳居民来粤投资创业、居住生活更加便利，大湾区日益成为港澳居民生活就业、追逐梦想的舞台。实践表明，粤港澳大湾区是在一个国家、两种制度、三个关税区、三种货币的条件下建设的，国际上没有先例，只要大胆闯、大胆试，就一定能开出一条新路来。

"一点两地"的全新定位，在现实层面上明晰了建设粤港澳大湾区新的实践要求。粤港澳大湾区走在前列，既要在改革发展上一马当先，也要在战风斗雨中立马阵前。这就需要我们锚定新的历史使命，紧扣广东省委作出的"1310"具体部署，再塑改革、开放、创新"三大动力"，把大湾区的广阔空间、无限潜力充分释放出来。要更加振奋起改革精气神，再造体制机制新优势。道有夷险，履之者知。40多年来的改革开放进程，广东正是凭着冲破思想禁区、革除制度藩篱的勇气，敢闯敢试，实现了从"赶上时代"到"引领时代"的伟大跨越。新征程上，大湾区要成为新发展格局的战略支点、高质量发展的示范地、中国式现代化的引领地。实现新的历史使命，必须勇于履险蹈难，再显先行者的不拔之志与历史担当，紧抓创造型引领型改革，在构建高水平社会主义市场经济体制上率先取得新突破，在科技创新、要素市场化、投融资、营商环境建设等重点领域创造改革新经验，让"敢闯敢试、敢为人先"成为大湾区继续前行的强大动力。要树立更加宏阔的世界眼光，拓展现代化发展新空间。大湾区要向世界宣示中国改革不停顿、开放不止步，就必须起笔全球眼光，落笔时代标杆，融入大国叙事，写就发展共赢、文明互鉴的开放大篇章；坚持以开放促改革、促发展，实施更加积极主动的开放战略，稳步扩大规则、规制、管理、标准等制度型开放，深度参与全球产业分工和价值链合作，加快发展更高层次的开放型经济，打造高水平对外开放门户枢纽。要大力发动创新引擎，塑造高质量发展新动能。面对困难和挑战，唯改革者进，唯创新者强，唯改革创新者胜。大湾区作为不断崛起的全球创新增长极，要牢牢把握创新第一动力，以"鼎新"带动"革故"，推动创新落到产业上、企业上、发展上，大力营造崇尚创新、鼓励创新、勇于创新的浓厚氛围，把全社会的创新创造活力充分激发出来、凝聚起来。

广东始终紧紧围绕实现习近平总书记赋予的使命任务，认真落实省委"1310"具体部署，在推动中国式现代化的广东实践迈出坚实步伐。2023 年 6 月,省委召开十三届三次全会,作出锚定"走在前列"总目标,激活改革、开放、创新"三大动力",奋力实现"十大新突破"的具体部署,按照施工图和任务书,以"再造一个新广东"的闯劲拼劲再出发,携手港澳扎实推进大湾区建设,推动科技产业协同不断深化、人流物流往来更加便利、规则机制对接更加畅顺,各项工作不断取得新成效,奏响了走在前列、当好示范的时代强音。

一是纵深推进新阶段粤港澳大湾区建设,有力牵引全省全面深化改革开放。2023 年 8 月,国务院印发了《河套深港科技创新合作区深圳园区发展规划》,批复《横琴粤澳深度合作区总体发展规划》和《前海深港现代服务业合作区总体发展规划》,大湾区建设迎来了新的重大机遇。广东扎实推进基础设施"硬联通",广州站至广州南站联络线、南珠(中)城际、广河高铁机场段开工建设,深中通道主线全线贯通,芭洲港澳客运码头投入运营,开辟跨境水上新通道,港珠澳大桥车流量创历史新高,开通旅游试运营。全面加强规则机制"软联通",启动"数字湾区"建设,发布 110 项"湾区标准",108 项高频政务服务事项实现粤港跨境通办,"经珠港飞"、人才签注、利率"互换通"等落地实施,港澳律师大湾区内地执业试点期限获批延长三年,三地居民在大湾区工作生活更加便利。大力推进深圳先行示范区建设,综合改革试点 22 条创新举措和典型经验获全国推广。扎实推进重大合作平台建设,推动出台《横琴粤澳深度合作区发展促进条例》和《南沙深化面向世界的粤港澳全面合作条例》,实施"横琴金融 30 条""前海金融 30 条",将 266 项省级行政职权调整由几大平台实施。横琴放宽市场准入特别措施、鼓励类产业目录等顺利落地,产业项目加快导入,中医药省实验室正式揭牌,"分线管理"配套财税政策和海关监管办法出台实施,"二线"通道建成并通过验收,允许符合条件的澳门居民携带动植物产品进入合作区。前海累计引进全球头部服务商 152家,港澳专业人士备案执业范围增至 22 类,全国首家"双牌照"境外银行正式落地。南沙开发建设加力提速,国家出台支持南沙放宽市场准入与加强监管体制改革意见，国际通用码头工程开工，中国企业"走出去"综合服务基地正式挂牌，累计落户港澳企业近3000家，投资总额超千亿美元。河套香港科学园深圳分园顺利开园，首批16家香港科创机构、企业及服务平台入驻。抓住改革开放45周年契机，广东深入推进创造型引领型改革，实施部分财政资金"补改投"改革试点，地方国企改革、省级政府质量工作获评国家A级，大湾区国际一流营商环境建设三年行动全面启动，广东连续4年获评全国营商环境最佳口碑省份。2023年9月，《东莞深化两岸创新发展合作总体方案》获国务院批复。广东自贸试验区高水平对外开放门户枢纽作用凸显，成为我国对接国际高标准推进制度型开放的试点区域。积极参与共建"一带一路"，中欧班列开行数量增长31.2%。国际友城和外国驻穗总领馆分别增至208对和68家，广东对外交往"朋友圈"越来越大，国际影响力和竞争力不断提升。

二是坚持实体经济为本、制造业当家，现代化产业体系建设取得重要进展。广东在第一时间制定了高质量建设制造强省的意见，推动出台制造业高质量发展促进条例，大力实施"五大提升行动"，扎实推进新型工业化。实施"大产业"立柱架梁行动，提质壮大8个万亿元级产业集群，加快把新能源、超高清视频显示、生物医药、高端装备制造等打造成新的万亿元级、5000亿元级产业集群。比较典型的例子有：广汽埃安智能生态工厂入选全球唯一新能源汽车"灯塔工厂"，深汕比亚迪汽车工业园、小鹏汽车广州工厂等全面投产，肇庆小鹏智能智造研究院建成运营，全省新能源汽车年产量达253万辆，全国每4辆新能源汽车就有1辆是"广东造"。此外，广东还出台推动新型储能产业发展系列政策，组建全国唯一的国家地方共建新型储能创新中心，新型储能在建项目100个，总投资2290亿元，肇庆宁德时代二阶段工程等项目动工建设，佛山宝塘新型储能电站建成投运，它是我国一次性建成的最大的电网侧独立储能电站，新型储能电站装机规模突破160万千瓦，广东成为全国储能电池产业配套最全的地区。深入实施"广东强芯"工程、汽车芯片应用牵引工程，两条 12 英寸芯片制造产线、高端光掩模产线等建成投产，全力打造中国集成电路第三极。实施"大平台"提级赋能行动，高标准打造一批"万亩千亿"园区载体，加快 7 个大型产业集聚区建设，省产业园新增 2 个，基本实现粤东粤西粤北县域全覆盖，划定工业用地控制线 601 万亩，实施村镇工业集聚区升级改造近 7000 亩，为产业发展和转型升级腾出新空间。实施"大企业"培优增效行动，累计培育国家级制造业单项冠军 132 家、专精特新"小巨人"企业 1528 家，19 家企业进入世界 500 强，A 股上市公司总量、新增境内外上市公司数量均居全国第一。实施"大环境"生态优化行动，出台推动民营经济高质量发展、培育扶持个体工商户、发展融资租赁、降低制造业成本等惠企政策，新增减税降费及退税缓费超 2000 亿元，制造业贷款规模突破 3 万亿元，增长 24.4%。推动"个转企"1.9 万家，创 5 年新高，推动"小升规"超 7000 家。实施"大项目"扩容增量行动，抓好投资 50 亿元以上的制造业重大项目建设，对投资 5000 万元以上的先进制造业项目用地指标应保尽保，2023 年全年批准建设用地 40.4 万亩、增长 38%。投资约 700 亿元的揭阳中石油炼化一体化项目全面投产，成为国内一次性建设规模最大、可生产全品类石化产品的炼化一体化项目。广东正以更高更强的姿态挺起现代化建设的产业"脊梁"。

三是一体推进教育强省、科技创新强省、人才强省建设，高水平科技自立自强释放强大动能。以粤港澳大湾区国际科技创新中心建设为牵引，加快构建"基础研究+技术攻关+成果转化+科技金融+人才支撑"全过程创新链，全省研发人员数量、发明专利有效量、高价值发明专利拥有量、有效注册商标量、PCT 国际专利申请量均居全国首位。打造科技体制改革示范地，启动科技体制改革三年攻坚，创新构建使命导向的科技计划评价体系，职务科技成果管理改革试点深入推进。打造重要的原始创新策源地，将 1/3 以上的省级科技创新发展战略专项资金投向基础研究，鹏城、广州国家实验室全面顺利运行，获批组建 15 家全国重点实验室，人类细胞谱系、先进阿秒激光、冷泉生态系统等重大科技基础设施获批立项。打造关键核心技术发源地，扎实推进核心软件攻关、"璀璨行动"等重大科技工程，在新一代通信、终端操作系统、工业软件、储能与新能源等领域取得一批突破性成果，麒麟高端芯片实现自主规模应用，体外膜肺氧合系统、高端核磁共振设备、高端手术机器人等打破国外垄断，企业技术创新活力强劲。打造科技成果转化最佳地，推进粤港澳大湾区国家技术创新中心"1+9+N"体系布局建设，在生物、纳米领域获批建设 2 家国家产业创新中心，广州、深圳入选首批国家知识产权保护示范区建设城市，预计全省企业享受研发费用税前加计扣除金额超 6800 亿元，技术合同认定登记金额超 4400 亿元，约占全国 1/10。打造科技金融深度融合地，推动省创新创业基金实体运作，开展"补投贷"联动试点，新增 50 家科技型企业上市，科技信贷余额超 2.3 万亿元，规模居全国首位，科技保险为 8.96 万家企业提供风险保障 2 万亿元，知识产权质押融资达 2307 亿元，同比翻了一番。打造粤港澳大湾区高水平人才高地，28 所高校的 220 个学科入围 ESI 全球排名前 1%，27 个学科入围前 1‰，华南理工大学、南方科技大学获批建设国家卓越工程师学院，中山大学等 6 所高校立项建设省高等学校基础研究卓越中心，香港科技大学（广州）首次招收本科生。深圳、佛山入选首批国家市域产教联合体，深圳职业技术大学成为"十四五"期间全国首家获批的公办本科层次职业学校。全省高层次、高技能人才分别达 94 万人、690 万人，有效持证外国人才达 4.5 万人，一大批海内外人才纷至沓来。

四是千方百计扩内需稳外需，链接国内国际双循环功能进一步增强。 2023 年，广东充分发挥投资关键作用，狠抓项目前期工作，创新实施并联审批、联合验收等工作机制，争取地方政府专项债券 4633 亿元，居全国第一，争取增发国债资金 254.7 亿元，向民间资本推介 146 个优质项目，全省固定资产投资增长 2.5%。加快重大基础设施项目建设，深南高铁、梅武高铁开工建设，贵广高铁完成提质改造，从埔高速、惠龙高速、惠州机场飞行区扩建等项目顺利建成，广州白云站建成启用，标志着广东再添一个世界级综合交通枢纽。时速 350 千米的广汕高铁开通运营，广州到汕头时间缩短至 1.5 小时左右，粤东地区加速融入大湾区"一小时交通圈"。水利投资在全国率先突破 1000 亿元，环北部湾广东水资源配置工程进入全面施工阶段，总投资 354 亿元的珠三角水资源配置工程即将通水。出台"促消费 7 条"、扩大汽车消费、促进家电消费等政策，省市联动举办重大促消费活动超 340 场，发放消费券 5.7 亿元，拉动消费 83.9 亿元，带动文旅、餐饮、住宿、夜间消费加快恢复，网上零售额增长 9.4%，规模位居全国第一。打好"五外联动"组合拳，出台"稳外贸 8 条"，"加工贸易 13 条"等政策，成功举办高交会、加博会、中博会和"粤贸全球"系列展会，广交会全面恢复线下举办，出口成交额 440 亿美元，展览总面积和参展企业数量均创历史新高，六大进口基地首批 32 个项目建设全面启动，商品集散和资源配置能力进一步增强。粤港澳大湾区全球贸易数字化领航区和广州知识城综保区、佛山综保区获批落地，跨境电商进出口总额突破 8000 亿元，占全国超 1/3，电动汽车、锂电池、太阳能电池"新三样"产品出口分别增长 229%、15.9%、22.6%。出台"招商引资 20 条""制造业外资 17 条"，成功举办中国—海合会经贸合作论坛、华侨华人粤港澳大湾区大会、中国侨商投资（广东）大会、世界粤商大会、世界客商大会等重大活动，2023 粤港澳大湾区全球招商大会达成项目 859 个，总金额 2.24 万亿元，全省实际利用外资 1591.6 亿元，制造业利用外资增长 11.7%，占比自 2019 年以来首次超过三成，广东已形成汇聚全球高端要素的强大引力场。

2023 年，广东坚决扛起经济大省勇挑大梁的责任担当，全力以赴拼经济、抓项目、促发展，全省经济在攻坚克难中回升向好。据统计，广东地区生产总值达到 13.57 万亿元，同比增长 4.8%，是全国首个突破 13 万亿元的省份，总量连续 35 年居全国首位。其中，2023 年粤港澳大湾区内地九市地区生产总值的总额超过 11.02 万亿元，同比增长

4.8%，广州经济总量突破 3 万亿元；地方一般公共预算收入达 1.39 万亿元，同比增长 4.3%；社会消费品零售总额达 4.7 万亿元，同比增长 5.8%，深圳成为广东第二个万亿元消费城市；进出口顶住压力，逆势实现正增长；规模以上工业增加值突破 4 万亿元，同比增长 4.4%，工业投资连续 36 个月保持两位数增长，佛山成为广东第二个规模以上工业总产值突破 3 万亿元的城市。这些无不充分凸显出粤港澳大湾区城市群实力显著增强，珠三角的引擎带动作用进一步显现。目前，通过全省上下的共同努力，广东经济运行持续好转、内生动力持续增强、社会预期持续改善、风险隐患持续化解。粤港澳大湾区正在向高质量创新发展迈进，为中国式现代化建设而努力奋斗。

居安思危，思则有备，有备无患。面对取得的成绩，我们不能沾沾自喜，不能盲目乐观，而是应当清醒地认识到，广东经济社会发展还面临一些困难和挑战：全省经济持续回升向好的基础还不稳固，特别是经济外向度高，受外部环境冲击影响更直接。有效需求不足，社会预期偏弱，一些企业经营困难。新动能培育有待加强，关键核心技术"卡脖子"问题仍然突出。城乡区域发展不协调不平衡局面尚未扭转，就业、教育、医疗、养老、育儿等领域还存在不少短板。节能减排降碳任务依然艰巨，污水治理、垃圾处理等环境基础设施还有一些欠账。房地产、金融等领域还存在风险隐患，部分市县财政收支矛盾突出。一些干部干事创业精气神有待加强，政府行政效能还需进一步提升。我们必须正视这些问题，增强忧患意识，竭尽全力战胜前进道路上的一切困难和挑战。

潮平两岸阔，风正一帆悬。2024 年，是中华人民共和国成立 75 周年，是实现"十四五"规划目标任务的关键一年。在新征程上，我们要做实"一点两地"全新定位，全面深化粤港澳合作，加快建设世界级的大湾区、发展最好的湾区，携手推动新阶段粤港澳大湾区建设取得更大进展，更好发挥粤港澳大湾区的支撑带动作用。

一是扎实打造新发展格局的战略支点。充分发挥粤港澳大湾区联结内外循环的优势，坚持软硬联通一起抓，持续增强全球资源配置能力。要认真研究谋划新阶段粤港澳大湾区全面深化改革开放的重大举措，积极对接香港北部都会区发展策略和澳门"1+4"经济适度多元发展策略，积极探索规则衔接、机制对接的新模式、新路径，推进大湾区高质量发展。要着力增强大湾区畅通国内大循环和联通国内国际双循环的功能，加快基础设施互联互通，打造世界级机场群、港口群，推进"轨道上的大湾区"建设，做好广珠澳高铁前期工作，加快皇岗、沙头角等口岸重建和改扩建，打造国际性综合交通枢纽集群。用好管好港珠澳大桥，打造经贸新通道。优化完善"港车北上""澳车北上"，稳妥推进"粤车南下"。优化大湾区营商环境，扩大"湾区标准"清单和"湾区认证"项目范围，推广"湾事通"综合服务平台，加快打造"数字湾区"。建设大湾区保险服务中心，支持广州、深圳建设国际商事仲裁中心。扩大"组合港""一港通"试点，强化大湾区贸易、航运枢纽功能。要强化系统观念，加强大湾区与国家重大战略协同联动，尤其要加强粤港澳大湾区建设与京津冀协同发展、长江经济带发展、长三角一体化发展、黄河流域生态保护和高质量发展以及雄安新区、海南自由贸易港、成渝地区双城经济圈建设等国家重大战略的协同联动；积极对接高标准国际经贸规则，在服务和融入新发展格局中不断拓展发展空间。

二是加快打造高质量发展的示范地。要加快建设全球科技创新高地和新兴产业重要策源地，畅通创新要素跨境高效流动，深化创新人才交流合作，开展从技术研发到企业孵化再到产业培育的全链条合作，更好打通从科技强到企业强、产业强、经济强的通道。重点推进粤港澳大湾区国际科技创新中心、大湾区综合性国家科学中心建设，抓好粤港澳联合实验室建设，打造5G、集成电路、纳米、生物医药等产业创新高地。尤其要始终牢记服务港澳初心，积极对接香港北部都会区建设和澳门"1+4"适度多元发展策略，以产业科技合作为重点，把横琴、前海、南沙、河套这几个龙头舞起来，加快打造引领高质量发展的重要动力源。要高水平推进重大合作平台建设，扎实抓好横琴总体发展规划落实，建设"专精特新"高端制造产业园、澳门品牌工业园，抓好澳门专业人士执业资格认可、澳门机动车"一检两认"、横琴跨境资金"电子围网"建设等工作，再导入一批产业项目，加快实现全岛封关运作，确保完成第一阶段目标任务，以优异成绩迎接澳门回归祖国 25 周年。要推动修订前海合作区条例，统筹提升前海产业发展、交通设施、城市生活、市政配套、生态环境等建设水平，实施"全球服务商计划"，做优做强国际金融城、国际法务区、国际人才港，强化跨境人民币业务创新试验区功能，打造融资租赁、航运服务、海工装备、国际咨询等集聚区。要加快南沙先行启动区基础设施建设、产业导入和功能提升，编制实施南沙新一轮总体发展规划，推动制订南沙金融改革开放方案，开展土地管理综合改革试点，加快南沙先行启动区建设，取得更多实质性突破。要落实河套深圳园区发展规划，推动出台河套深圳园区条例，强化"一河两岸""一区两园"统筹开发利用，开展科研资金跨境流动监管和便利化改革，推动出入境"白名单"、税收优惠等政策落地实施。

三是全力打造中国式现代化的引领地。从粤港澳三地发展所需、民生所盼出发，持续推进就业、教育、医疗、社保等领域合作，支持港澳更好融入国家发展大局。要紧扣港澳居民重点关切，更大力度强化社会民生领域合作，打造宜居宜业宜游的优质生活圈。要支持广州实现老城市新活力、"四个出新出彩"，强化中心城市门户枢纽功能，推进中新知识城、广州东部中心、北部增长极等重大平台建设，开展服务业扩大开放综合试点，在高质量发展方面发挥领头羊和火车头作用。锚定目标建设好深圳先行示范区，落实综合改革试点第二批授权事项清单，推进西丽湖国际科教城、光明科学城、深圳湾超级总部基地等建设，打造社会主义现代化强国的城市范例。高水平推进五大都市圈建设，形成区域互补、协调发展新优势。支持惠州加快构建绿色低碳产业体系、打造广东高质量发展新增长极，支持中山建设珠江口东西两岸融合发展改革创新实验区，推动珠海鹤洲、佛山三龙湾、东莞滨海湾、江门大广海湾、肇庆新区等建设，推进广佛全域同城化、广清一体化，加快汕头、湛江省域副中心城市发展，支持梅州建设苏区融湾先行区。

2024年，也是《粤港澳大湾区发展规划纲要》发布5周年。我们要把大湾区建设作为广东深化改革开放的大机遇、大文章抓紧做实，举全省之力办好这件大事，携手港澳打造融入国内国际双循环、走出高质量发展之路、彰显中国式现代化特质的大湾区！

思考题：

1. 结合本行业领域与本职工作，请谈一谈如何一体领会、深入贯彻习近平总书记对广东系列重要讲话和重要指示精神，深刻把握广东"走在前列"总目标的实践基础和时代逻辑。

2. 请谈一谈如何更好实现粤港澳大湾区"一点两地"的全新定位。

第三章 保持战略定力
推动广东现代化建设行稳致远

　　广东省下辖 21 个地级市，其中，珠三角有 9 市，粤东、粤西、粤北有 12 市。珠三角 9 市面积占比约为 69%，粤东、粤西、粤北 12 市占比约为 31%；但前者地区生产总值占比约为 81%，而后者地区生产总值占比约为 19%。广东仅有 2 个县的人均地区生产总值高于全国平均水平，城乡区域发展差异尤为突出。2018 年 10 月，习近平总书记视察广东时深刻指出："城乡区域发展不平衡是广东高质量发展的最大短板。"2023 年 4 月，习近平总书记视察广东时再次强调："全体人民共同富裕是中国式现代化的本质特征，区域协调发展是实现共同富裕的必然要求。广东要下功夫解决区域发展不平衡问题。"

　　广东的区域发展不协调问题是全国城乡发展不平衡问题的一个典型代表，因此解决好广东的问题就能为中国实现全面建成社会主义现代化强国贡献可借鉴、可操作的行动指南。广东作为改革开放的排头兵、先行地、实验区，必须咬定"走在前列"总目标，统筹规划实现路径，深化改革开放，推动高质量发展，提高发展平衡性和协调性，加强党的领导和党的建设，为实现中国式现代化提供更多更好的广东智慧、广东方案、广东力量，为全面推进中华民族伟大复兴作出新的更大的贡献！

一、牢牢把握推进中国式现代化建设的"五个坚持"重大原则

现代化是一个动态的概念，中国共产党最早对它的理解主要是工业化。邓小平同志在 1979 年会见英中文化协会会长马尔科姆·麦克唐纳时提出："我们定的目标是在本世纪末实现四个现代化。我们的概念与西方不同，我姑且用个新说法，叫做中国式的四个现代化。"[①] 党的十八大以后，中国式现代化的内涵在新时代继续丰富和拓展。

习近平总书记强调："要守好中国式现代化的本和源、根和魂，毫不动摇坚持中国式现代化的中国特色、本质要求、重大原则，确保中国式现代化的正确方向。"[②] 当前国际局势动荡不已，国内亦面临不少改革发展方面的深层次矛盾和党的建设方面的顽固性、多发性问题。面对风险挑战，必须牢牢把握以下五个重大原则。这些重大原则是我们党在不断探索实现现代化的道路中积累形成的宝贵经验和淬炼出的治国理政智慧，确保中国式现代化继续沿着正确方向前进。

（一）坚持和加强党的全面领导

坚持和加强党的全面领导是中国式现代化道路的根本保证。习近平总书记在学习贯彻党的二十大精神研讨班开班式上从三个方面阐述了党的领导何以直接关系中国式现代化的根本方向、前途命运、最终成败：第一，党的领导确保中国式现代化锚定奋斗目标行稳致远，我们党的奋斗目标一以贯之，一代一代地接力推进；第二，党的领导激发建设中国式现代化的强劲动力，我们党勇于改革创新，不断破除各方面体制机制弊端，为中国式现代化注入不竭动力；第三，党的领

---

① 《邓小平年谱（1975—1997）》上卷，中央文献出版社 2004 年版，第 496 页。
② 《正确理解和大力推进中国式现代化》，《人民日报》2023 年 2 月 8 日。

导凝聚建设中国式现代化的磅礴力量，我们党坚持党的群众路线，坚持以人民为中心的发展思想，发展全过程人民民主，充分激发全体人民的主人翁精神。①

现代化源自西方工业革命，工业化、市场化、资本化、民主化等是西方现代化运动的标志性特征。马克思和恩格斯的《德意志意识形态》《共产党宣言》等著作就揭示了西方现代化运动和潮流开启的潜在机制。例如，《共产党宣言》主要分析、阐述和揭示了生产工具、大工业、世界市场、世界交往"创造出一个世界"②，一个具有"统一性"的世界。由于"资产阶级在它的不到一百年的阶级统治中所创造的生产力，比过去一切世代创造的全部生产力还要多，还要大"③，因此，西方一些现代化理论在"传统—现代"的单一框架下将国家分为后发现代化国家和先发现代化国家，并强调要实现现代化，后发国家必须依赖于先发国家，展现出"西方中心论"的理念。

面对强烈的冲击，中国开始了一次次被动性、防御性的回应。洋务运动主要是从器物层面对西方现代化进行回应。它冲破了封建主义的狭隘眼界，打破了重农抑商的历史传统；但为帝国主义、官僚资本主义、封建主义的勾结提供了条件。戊戌变法主要是从制度层面对西方现代化进行回应。它用资本主义制度来取代封建专制，推动了晚清政府的自我革新和辛亥革命的爆发；但它不敢否定封建专制，并对帝国主义存有希望，最终以失败告终。五四运动主要是从文化层面对西方现代化进行回应。它以工人阶级为领导，向西方学习科学和民主，旨在推翻帝国主义和封建主义的统治。它为马克思主义在中国的传播创造了有利条件，为现代化的推进提供了思想文化基础。

中国共产党经过多年探索，逐步开创、确立和拓展了"走自己的路""中国特色社会主义道路""中国式现代化新道路"和"中国式现

---

① 《正确理解和大力推进中国式现代化》，《人民日报》2023 年 2 月 8 日。
② 《马克思恩格斯选集》第 1 卷，人民出版社 2012 年版，第 404 页。
③ 《马克思恩格斯选集》第 1 卷，人民出版社 2012 年版，第 405 页。

代化",将现代化问题由过去的被动防御转变为主动应对,由过去的"话语依赖"走向今天的"话语自主"。① 回顾历史,毛泽东同志曾指出:"应该把马列主义的基本原理同中国社会主义革命和建设的具体实际结合起来,探索在我们国家里建设社会主义的道路了。"② 中国共产党的诞生从文化层面上积极推进了马克思主义中国化,从组织层面上积极发挥中国工人阶级的领导组织力量。新中国成立以后,毛泽东同志提出以苏为鉴,独立自主地探索适合中国国情的社会主义现代化建设道路。邓小平同志主动提出要进行改革开放,梳理出"中国特色社会主义道路"。进入新时代,以习近平同志为核心的党中央积极主动"推进国家治理体系和治理能力现代化"。中国共产党的领导决定中国式现代化的根本性质。党的性质宗旨、初心使命、信仰信念、政策主张决定了中国式现代化是社会主义现代化,而不是别的什么现代化。③全面建设社会主义现代化国家、全面推进中华民族伟大复兴,关键在党。④ 一方面,在世界百年未有之大变局的动荡背景下,坚持和加强党的全面领导,能在风险挑战来临之时让全国人民拥有最可靠的主心骨——中国共产党;另一方面,中国共产党拥有强大的政治领导力、思想引领力、群众组织力、社会号召力,总体谋划和系统部署了中国式现代化的各项事业,能激发中国式现代化建设的强劲动力,凝聚中国式现代化建设的磅礴力量。只有毫不动摇坚持党的领导,中国式现代化才能前景光明、行稳致远、繁荣兴盛、走到彼岸。

---

① 韩庆祥:《中国式现代化的理论体系和话语体系——兼论中国式现代化是如何成功创造和建构起来的》,《哲学研究》2023 年第 8 期,第 21 页。

② 《毛泽东年谱(1949—1976)》第 2 卷,中央文献出版社 2013 年版,第 550页。

③ 《中国式现代化是中国共产党领导的社会主义现代化》,《求是》2023 年第 11 期。

④ 《高举中国特色社会主义伟大旗帜 为全面建设社会主义现代化国家而团结奋斗——在中国共产党第二十次全国代表大会上的报告》,《人民日报》2022 年 10 月 26 日。

（二）坚持中国特色社会主义道路

坚持中国特色社会主义道路是旗帜引领。不同国家都有实现现代化的强烈愿望和实现路径。它既要遵循现代化的一般规律，更要符合本国实际情况，具有本国特色。习近平总书记在党的二十大报告中强调，中国式现代化"既有各国现代化的共同特征，更有基于自己国情的中国特色"①。因此，中国特色社会主义道路是实现社会主义现代化、提升人民幸福感的必由之路。这条道路不照搬照抄西方式现代化道路，也不"依附"于资本主义价值体系，而是由中国共产党人把马克思主义基本原理同中国具体实际相结合、同中华优秀传统文化相结合的独立自主道路。

这条道路经受住了历史和人民的检验。新中国的成立标志着中国共产党领导中国人民实现了民族独立和人民解放。然而，关于何为社会主义、怎样建设社会主义并无现成的答案可照搬，只有苏联式社会主义道路可参考。党的十一届三中全会作出的改革开放这一重大历史性决策扭转了新中国成立初期社会经济发展有限的局面。邓小平同志在党的十二大开幕式上总结强调，"把马克思主义的普遍真理同我国的具体实际结合起来，走自己的道路，建设有中国特色的社会主义"②。这意味着建设社会主义不能直接复制别国模式，而需要在遵循科学社会主义基本原则的基础之上，积极探索适合本国国情的社会主义建设道路。习近平总书记强调："中国特色社会主义是社会主义而不是其他什么主义，科学社会主义基本原则不能丢，丢了就不是社会主义。"③

在苏联解体、东欧剧变的大背景下，西欧共产党在实现社会主义目标的道路选择、对社会主义的内涵理解等方面都发生了较大转变，

---

① 《高举中国特色社会主义伟大旗帜　为全面建设社会主义现代化国家而团结奋斗——在中国共产党第二十次全国代表大会上的报告》，《人民日报》2022 年 10 月 26 日。

② 《十二大以来重要文献选编（上）》，人民出版社 1986 年版，第 3 页。

③ 《十八大以来重要文献选编（上）》，中央文献出版社 2014 年版，第 109 页。

揭示了他们面对挫折困难挑战、他国的失败经历时对社会主义的信念薄弱，对实现社会主义的信心匮乏。甚至有部分人认为没有必要坚持将社会主义作为一种政治经济制度，而是将其作为一种社会前进为经济更强大、政治更民主状态的进程。只有中国共产党长期以来毫不动摇地坚持社会主义方向，坚决走中国特色社会主义道路。改革开放 40 多年以来，中国共产党在高举中国特色社会主义伟大旗帜的道路上从未发生丝毫动摇。由此，中国才创造了一个长期稳定、安全可靠的社会环境，为经济的快速发展、高质量发展创造出有利条件，中国社会的发展创造了一个又一个奇迹，取得了一个又一个胜利。

（三）坚持以人民为中心的发展思想

坚持以人民为中心的发展思想是根本立场。中国式现代化是全体人民共同富裕的现代化，而资本主义制度下的现代化则是服从于资本利益、资本扩张逻辑的现代化。中国式现代化坚持以人民为中心的发展思想，坚持发展为了人民、发展依靠人民、发展成果由人民共享，因而能赢得广大人民群众的衷心拥护和大力支持，进而就能够实现以中国式现代化全面推进中华民族伟大复兴的宏伟目标。

一百多年来，中国共产党通过多方位实践深刻认识到，"江山就是人民、人民就是江山，打江山、守江山，守的是人民的心。中国共产党根基在人民、血脉在人民、力量在人民"[1]。在不同的历史时期，中国共产党始终坚持以人民为中心，坚持把人民利益摆在首位，坚持走群众路线，正如《共产党宣言》里所述"没有任何同整个无产阶级的利益不同的利益"[2]，中国共产党真正做到了知行合一。

在新民主主义革命时期，以毛泽东同志为主要代表的中国共产党人从群众的独立自主愿望出发，团结群众、发动群众、依靠群众、领

---

[1] 《在庆祝中国共产党成立 100 周年大会上的讲话》，人民出版社 2021 年版，第 11 页。

[2] 《马克思恩格斯选集》第 1 卷，人民出版社 2012 年版，第 413 页。

导群众取得了新民主主义革命的伟大胜利，实现了民族独立和人民解放。新中国成立后，再次依靠群众、发动群众，赢得了抗美援朝战争的胜利，完成了"三大改造"，开展社会主义建设。以邓小平同志为主要代表的中国共产党人审时度势，实施改革开放政策，建立社会主义市场经济体制，充分激活人民群众的主动性、积极性，社会生产力实现了前所未有的解放和提升。党的十八大以来，中国共产党又逐步形成和提出了坚持以人民为中心的发展思想，坚持"发展为了人民、发展依靠人民、发展成果由人民共享，让现代化建设成果更多更公平惠及全体人民"[①]。正是在这种思想的引领下，在党的坚强领导下，拥有14亿人口的中国实现了农村贫困人口全部脱贫和全面建成小康社会的第一个百年奋斗目标，在人类减贫史上创造了巨大奇迹。如今，中国共产党正带领全国各族人民迈上全面建设社会主义现代化国家新征程，向第二个百年奋斗目标进军，不断用实践兑现"人民对美好生活的向往，就是我们的奋斗目标"的庄严承诺。

（四）坚持深化改革开放

坚持深化改革开放是动力源泉。"改革是社会主义发展直接动力"[②]，开放是社会主义发展的强大动力。"改革开放是决定当代中国命运的关键一招，也是决定实现'两个一百年'奋斗目标、实现中华民族伟大复兴的关键一招。"[③] 党的二十大报告鲜明指出："在新中国成立特别是改革开放以来长期探索和实践基础上，经过十八大以来在

---

① 《高举中国特色社会主义伟大旗帜　为全面建设社会主义现代化国家而团结奋斗——在中国共产党第二十次全国代表大会上的报告》，《人民日报》2022 年 10 月 26 日。

② 毛泽东生平和思想研讨会组织委员会编：《毛泽东百周年纪念——全国毛泽东生平和思想研讨会论文集（下）》，中央文献出版社 1994 年版，第 362 页。

③ 《习近平著作选读》第 1 卷，人民出版社 2023 年版，第 65 页。

理论和实践上的创新突破，我们党成功推进和拓展了中国式现代化。"① 这充分说明了改革开放在全面建设社会主义现代化国家中的重要地位。改革开放已经进行了40多年，容易的、皆大欢喜的改革已经完成了，好吃的肉都吃掉了，剩下的都是难啃的硬骨头。我国已由高速增长阶段转向高质量发展阶段，改革进入攻坚期和深水区。因此，只有坚持深化改革开放，才能推进国家治理体系和治理能力现代化，社会主义市场经济体制才能更完善。要推动实现人口规模巨大、全体人民共同富裕、物质文明和精神文明相协调、人与自然和谐共生、走和平发展道路的中国式现代化，就需要借助深化改革开放这个不竭的动力之源。

1978年12月，在党和国家面临何去何从的重大历史关头，十一届三中全会作出把党和国家工作中心转移到经济建设上来，实行改革开放的历史性决策。中国共产党不断深化对社会主义的认识，将计划和市场都视为经济发展的手段，逐步建立起社会主义市场经济体制。中国共产党带领中国人民积极融入经济全球化浪潮，扩大对外开放，广泛参与国际合作，开展对外交流活动，几十年来用实事求是的精神、敢于创新的拼搏、艰苦卓绝的奋斗赶上了发达国家几百年来的步伐。

党的十八大以来，以习近平同志为核心的党中央，面对党和国家面临的突出矛盾问题，深入推进改革创新，坚定不移扩大开放，着力破解深层次体制机制障碍，不断彰显中国特色社会主义制度优势，不断增强社会主义现代化建设的动力和活力，把我国制度优势更好转化为国家治理效能。我们推进"一带一路"建设，共建国际公共产品和国际合作平台，加快构建新发展格局，统筹国内国际两个市场两种资源，增强资源配置能力，提高对资金、信息、技术、人才、货物等要素配置的全球性影响力。推行"放管服"改革，以"简政放权""放

---

① 《高举中国特色社会主义伟大旗帜　为全面建设社会主义现代化国家而团结奋斗——在中国共产党第二十次全国代表大会上的报告》，《人民日报》2022年10月26日。

管结合""优化服务"为主要抓手，三管齐下，为市场主体松绑减负，对行政监管机制进行优化创新，落脚于施政为民的行政本质，加快推进向服务型政府的角色转变，取得了显著的成效。以改革扩开放，提高开放型经济新水平；以开放促改革，为经济发展注入新动力，协同推进中国式现代化建设。

（五）坚持发扬斗争精神

坚持发扬斗争精神是精神力量。中国式现代化是中国共产党同全国各族人民通过不懈斗争推进的现代化，是同阻碍中国发展的矛盾、问题、挑战作斗争后成功探索出的现代化。建设中国式现代化必须坚持发扬斗争精神。历史反复证明，以斗争求安全则安全存，以妥协求安全则安全亡；以斗争谋发展则发展兴，以妥协谋发展则发展衰。马克思、恩格斯在批判性地继承前人的研究成果基础之上创立了马克思主义理论，对资产阶级展开猛烈抨击，具有鲜明的斗争性。以习近平同志为核心的党中央继承并发展了马克思主义的斗争精神，敢于同时代变化而产生的各种风险挑战作斗争，形成了中国化时代化的马克思主义——习近平新时代中国特色社会主义思想，以中国式现代化推进中华民族伟大复兴，统揽伟大斗争、伟大工程、伟大事业、伟大梦想，明确我国社会主要矛盾是人民日益增长的美好生活需要和不平衡不充分的发展之间的矛盾，并紧紧围绕这个社会主要矛盾推进各项工作，不断丰富和发展人类文明新形态。

《共产党宣言》作为马克思主义的奠基之作，是"一部充满斗争精神、批判精神、革命精神的经典著作"①，至今仍焕发着深邃的斗争精神光芒。《共产党宣言》是一定历史境遇下无产阶级革命斗争的思想武器，马克思、恩格斯从唯物史观的基本前提出发，把"斗争"作为

---

① 《深刻感悟和把握马克思主义真理力量　谱写新时代中国特色社会主义新篇章》，《人民日报》2018 年 4 月 25 日。

理解和观察人类社会历史发展中的重要范畴，并推演出一切人的自由发展是斗争精神的最终价值旨归。《共产党宣言》中所蕴含的斗争精神表明要为了一切人的自由解放而孜孜不倦地奋斗。

新时代的斗争精神表现为一种鲜明的顽强奋斗精神。在新时代，尽管一定范围内的阶级斗争还将长期存在，但是这一斗争的适用语境和适用范畴已全然不同。现阶段的阶级斗争主要指同国内外敌视我国社会主义制度的各类破坏势力之间的斗争，不属于社会主要矛盾，更不属于人民内部矛盾。习近平总书记指出："我们共产党人的斗争，从来都是奔着矛盾问题、风险挑战去的。"① 因此，新时代发扬斗争精神就是要具有知难而进、迎难而上的精神品格，要"全力战胜前进道路上各种困难和挑战，依靠顽强斗争打开事业发展新天地"②。新时代的斗争精神还表现为一种强烈的主动革新精神。"新时代的斗争不是问题倒逼出来的，而是在历史主动精神的鼓舞下出现的。"③ 当前各种矛盾挑战层出不穷，世界进入新的动荡变革期。同时，国内改革发展稳定亦面临多种风险，各种"黑天鹅""灰犀牛"事件随时可能发生，这些并非以个人意志为转移的客观存在，不能通过消极漠然、躲事怕事的心态进行"被动应对"，而应该始终把握历史主动，主动谋划应对风险挑战的方案和行动，谱写新时代中国特色社会主义更加绚丽的华章。

二、正确处理好推进中国式现代化建设中的各类关系

推进中国式现代化是一个系统工程，需要统筹兼顾、系统谋划、

---

① 《习近平谈治国理政》第 3 卷，外文出版社 2020 年版，第 226 页。

② 《高举中国特色社会主义伟大旗帜　为全面建设社会主义现代化国家而团结奋斗——在中国共产党第二十次全国代表大会上的报告》，《人民日报》2022 年 10 月 26 日。

③ 周麟、龚超：《深化中国共产党伟大斗争精神的时代践悟》，《湖南大学学报（社会科学版）》2023 年第 1 期，第 13—19 页。

整体推进，正确处理好各类重大关系。40 多年的改革开放筚路蓝缕，让中国人实现了赶上时代的目标。如今迈上中国式现代化新征程，要完成从赶上时代到引领时代的伟大跨越，其难度、广度和深度绝不亚于改革开放。伟大事业不可能一蹴而就，面对各种可以预料和难以预料的艰难险阻，推进中国式现代化必须进行伟大斗争，必须运用好习近平新时代中国特色社会主义思想的世界观、方法论和贯穿其中的立场观点方法。

（一）深刻把握坚持高质量发展这个新时代的硬道理

习近平总书记在《关于〈中共中央关于制定国民经济和社会发展第十四个五年规划和二〇三五年远景目标的建议〉的说明》中强调，新时代新阶段的发展必须贯彻新发展理念，必须是高质量发展[①]。根据历史唯物主义的观点，所谓生产力，就是人类改造自然、征服自然的能力，生产力的发展是社会发展的根本动力和最终决定力量。2023 年 9 月 7 日，习近平总书记提出的新质生产力是马克思主义生产力理论的中国化时代化的创新和发展，蕴含着我们党对经济社会发展的深刻洞见。新质生产力是在质态维度上相对传统生产力的跃迁，核心在于科技创新革命驱动劳动者和生产资料发生质的变革，可对人类经济社会交往方式进行重构，符合高质量发展要求。[②]

2023 年 12 月中央经济工作会议在部署 2024 年做好经济工作的 9 项重点任务时提出："经济大省要真正挑起大梁，为稳定全国经济作出更大贡献。"[③] 广东作为我国经济第一大省，深刻把握坚持高质量发展的新时代要求，将高质量发展作为广东现代化建设的首要任务和总抓

① 《关于〈中共中央关于制定国民经济和社会发展第十四个五年规划和二〇三五年远景目标的建议〉的说明》，《人民日报》2020 年 11 月 4 日。

② 刘洋：《深刻理解和把握发展新质生产力的内涵要义》，《红旗文稿》2023 年第 24 期。

③ 《中央经济工作会议在北京举行》，《人民日报》2023 年 12 月 13 日。

手，牢牢把握习近平总书记赋予广东的使命任务，以满足人民日益增长的美好生活需要为根本目的，坚持系统观念，更好统筹发展和安全，更好统筹质的有效提升和量的合理增长，全面深化改革开放，主动服务和融入新发展格局，不断塑造发展新动能新优势，扎实推进中国式现代化的广东实践，努力在高质量发展上走在前列、当好示范。

（二）坚持系统观念、用好辩证法

党的二十大报告深刻阐述了习近平新时代中国特色社会主义思想的世界观和方法论，即"六个必须坚持"，其中第五个是"必须坚持系统观念"。所谓系统观念，其内涵在于清醒地认识到万事万物之间是相互联系、相互依存的，要用普遍联系的、全面系统的、发展变化的观点观察事物，才能把握事物发展规律。要扎实推进改革开放，就要用好辩证法。习近平总书记指出："改革开放是前无古人的崭新事业，必须坚持正确的方法论，在不断实践探索中推进。"① 加强顶层设计和摸着石头过河相结合，是富有中国特色、符合中国国情的改革方法。不论改革开放处于初期还是攻坚期，都需要摸着石头过河，这是人们认识客观规律的必由之路，符合事物从量变到质变的辩证法。

广东是我国大陆海岸线最长的省份，拥有的海岸线长达 4000 多千米，因此，向海而兴、向海图强毫无疑问成为广东新时代高质量发展的重要抓手。要充分发挥开发与保护蓝色资源的辩证思维。一方面，在大食物观的视域下，辽阔海洋就是蓝色粮仓、丰茂牧场，要善于做好种业攻坚、装备技术升级、全产业链发展工作，将远海深海养殖开发作为 14 亿多人口国家粮食安全的压舱石。另一方面，要靠海护海，将既可防风消浪又能净化海水的国宝红树林保护好，加强海洋生态文明建设。习近平总书记在 2023 年 4 月考察广东时强调，要加强陆海统

---

① 《以更大的政治勇气和智慧深化改革　朝着十八大指引的改革方向前进》，《人民日报》2013 年 1 月 2 日。

筹、山海互济，强化港产城整体布局，加强海洋生态保护，全面建设海洋强省①。这充分体现了开发与保护的辩证思维，为加强海洋经济高质量发展提供了行动指南。

（三）牢固树立正确的发展观、现代化观

发展，是我们党执政兴国的第一要务。习近平总书记的发展观是一个系统的理论体系。首要的就是坚持以人民为中心的发展思想。人民性是马克思主义最鲜明的品格。习近平总书记强调："只有坚持以人民为中心的发展思想，坚持发展为了人民、发展依靠人民、发展成果由人民共享，才会有正确的发展观、现代化观。"② 中国式现代化用"人民至上"取代了西方现代化"资本至上"的发展理念，摒弃了资本主义追逐利润的固有弊端，消除了资本主义现代化历程中剥削压迫的顽瘴痼疾，为人类实现现代化提供了新的选择。党的十八大以来，以习近平同志为核心的党中央立足新时代这个历史方位，把握从"有没有"转向"好不好"的发展主动，引领中国经济快车驶入高质量发展新轨道，并以一系列新理念新思想新战略丰富和完善了新时代的发展观，为奋力推进中国式现代化指明了科学有效的实现路径。

广东尽管是经济第一大省，但是经济发展主要集中于珠三角地区。广东要发展，不仅要靠珠三角，粤东、粤西、粤北地区也要联动发展。中国式现代化就是要促进共同富裕，解决区域发展不平衡的问题。要实现广东现代化建设走在全国前列，还需要贯彻落实协调与平衡的发展理念。由于地形地貌、蒸发量大等原因，三面临海的雷州半岛缺乏水资源严重制约着粤西地区的发展。2022 年，一项引西江之水至雷州半岛，通过工程建设、区域高质量发展、生态建设"三管齐下"的浩大水利工程正式开工，既可解决当地百姓生活和工业用水问题，又可

---

① 《坚定不移全面深化改革扩大高水平对外开放 在推进中国式现代化建设中走在前列》，《人民日报》2023 年 4 月 14 日。

② 《习近平谈治国理政》第 4 卷，外文出版社 2022 年版，第 171 页。

新增灌溉面积，推动当地特色农业发展。2023年，习近平总书记考察湛江时强调："推进中国式现代化，要把水资源问题考虑进去，以水定城、以水定地、以水定人、以水定产，发展节水产业。"①

广东区域发展不平衡问题在一定意义上体现为城乡发展不平衡。茂名高州市根子镇柏桥村种植荔枝约6800亩，是荔枝生产专业村。要通过荔枝特色产业促进乡村全面振兴，离不开对千年荔枝种植文化的继承创新、对生态环境和荔枝产业的保护意识、对数字化营销等技术的灵活运用、对荔枝冷链保险技术的研发提高、对后富群众的热心帮扶、对乡风文明的积极建设。习近平总书记强调："推进中国式现代化，必须全面推进乡村振兴，解决好城乡区域发展不平衡问题。"②

（四）正确认识和处理"稳"与"进"、"立"与"破"、"质"与"量"、"短板"与"长板"等关系

在发展的过程中，需要用辩证思维正确认识并处理好一系列重大关系。2023年12月，习近平总书记在中央经济工作会议上指出，对2024年经济工作的要求是"坚持稳中求进、以进促稳、先立后破，多出有利于稳预期、稳增长、稳就业的政策，在转方式、调结构、提质量、增效益上积极进取，不断巩固稳中向好的基础"③。面对当前经济形势，要贯彻落实好中央经济工作会议精神，就需要精准把握好"稳"和"进"、"立"和"破"的辩证关系。辩证唯物主义认为，矛盾的统一和斗争可以推动事物发展运动。"稳"是大局和基础，"进"是动力和方向，稳住才能把准方向前进，前进才能提升维护稳定的能力；"立"是方法和对策，"破"是突破和打破，立住才有信心和保障，而

---

① 《坚定不移全面深化改革扩大高水平对外开放　在推进中国式现代化建设中走在前列》，《人民日报》2023年4月14日。

② 《坚定不移全面深化改革扩大高水平对外开放　在推进中国式现代化建设中走在前列》，《人民日报》2023年4月14日。

③ 《中央经济工作会议在北京举行》，《人民日报》2023年12月13日。

后才拥有谋求突破创新的决心。

辩证认识、科学统筹经济发展质和量的关系，是我们党领导经济工作的重要经验。"质"的提升是"量"增长的动力源，"量"的增长是"质"提升的基底座，二者相辅相成、相互作用。高质量发展是坚持质的有效提升和量的合理增长有机统一的发展。习近平总书记强调："要坚持辩证思维，转变观念，努力把短板变成'潜力板'，充分发挥粤东西北地区生态优势，不断拓展发展空间、增强发展后劲。"① "短板"意味着发展空间充足，"长板"则能为"短板"变成"潜力板"提供有力的物质支撑和经验支持。广东要深刻把握改革开放这个关键一招，以更大决心和力度全面深化改革开放，进一步激发活力、拓展空间、彰显制度优势，为广东现代化建设注入源源不断的新动力。

（五）在落实好新时代的硬道理中不断夯实广东现代化建设的"硬实力"

高质量发展是全面建设社会主义现代化国家的首要任务，是中国式现代化的本质要求之一。落实好高质量发展这个新时代硬道理关键在于发展高度发达的生产力，加快形成由技术革命性突破、生产要素创新型配置、产业深度转型升级而催生的新质生产力。科技创新是广东以创新驱动引领高质量发展的重中之重，要抓住科技创新这个"牛鼻子"。作为经济大省、制造业大省的广东，拥有丰厚的科技创新资源和雄厚的科技创新实力。广东要以新提质，进一步把准大势方向，用好改革开放的关键一招，面对世界新一轮科技革命和产业变革态势，积极主动拥抱新的"科学的春天"，以科技创新驱动生产力向新的质态跃升，不断夯实广东现代化建设的"硬实力"。

在催生新型产业模式上，广东向天空探索、向深海挺进、向微观

---

① 《高举新时代改革开放旗帜　把改革开放不断推向深入》，《人民日报》2018 年 10 月 26 日。

进军、向虚拟空间拓展，将加快发展新质生产力的战略落到实处。立足加快实现高水平科技自立自强，深入实施创新驱动发展战略，加快建设粤港澳大湾区国际科技创新中心、综合性国家科学中心，构建全过程创新生态链，加大鼓励革命性、颠覆性科技创新和成果转化应用。大力发展集成电路、新型储能、新能源汽车、海洋牧场、数字经济、生物制造、商业航天、低空经济等新兴产业，超前布局量子科技、人工智能、生命科学等未来产业，大力驱动产业和科技互促双强。

在培育新型人才队伍上，要视人才为珍宝，携手港澳加快建设大湾区高水平人才高地，坚持高标准精准引进和高质量自主培养两手抓，开展人才发展体制机制综合改革试验，不断推进广东人才队伍建设。要聚焦引进和培育粤港澳大湾区新一代数字技术、生物制造、新能源、高端装备等新兴产业的创新创业高端人才，率先探索建构具有国际竞争优势的高端人才制度和治理模式，推动高水平人才队伍建设走在全国前列。

在构建新型生产关系上，广东不仅要充分利用好改革开放40多年来积累的有为政府和有效市场的资源，不断推进市场化、法治化、国际化一流营商环境的建设，激活发展新质生产力的制度优势；更要以全球视野加快科技创新步伐，围绕粤港澳大湾区"一点两地"全新定位，努力建设更具国际竞争力的现代化产业体系，促进新质生产力推动经济向纵深发展。广东还可加强与长三角地区的深度合作，推动企业双向投资布局，发挥各自比较优势，共同融入新发展格局，为中国式现代化建设贡献合力。

三、突出重点，久久为功，奋力实现"十大新突破"

党的二十大擘画了全面建设社会主义现代化国家、以中国式现代化全面推进中华民族伟大复兴的宏伟蓝图，习近平总书记在2023年4月视察广东时寄望广东在推进中国式现代化建设中走在前列，赋予广东新的使命任务。2023 年 6 月，中共广东省委在十三届三次全会上作出"锚定一个目标，激活'三大动力'，奋力实现十大新突破"的"1310"具体部署，作出广东的郑重宣示。

在推进中国式现代化建设中走在前列，是习近平总书记对广东的深切勉励、殷切期望、战略指引，是广东必须坚决完成的使命任务。改革、开放、创新"三大动力"是广东最鲜明的标识，是必须始终牢牢抓住、不断巩固发展的最关键优势。而要奋力完成高质量发展的首要任务和构建新发展格局的战略任务，就需要以"再造一个新广东"的干劲拼劲闯劲，突出重点，久久为功，将以下十个方面作为抓手，谱写广东现代化建设新篇章，"拼"出一个更好的广东。

（一）纵深推进新阶段粤港澳大湾区建设，在牵引全面深化改革开放上取得新突破

要发挥好广东的国家战略叠加优势，全面准确贯彻"一国两制"方针，需要软硬联通一起抓，通过将粤港澳大湾区建设成为具有中国式现代化鲜明特质的国际一流湾区，充分发挥其示范带动效应，进而打造高质量发展重要动力源、全国经济重要增长极，实现扎实推进全面深化改革、扩大高水平对外开放的进阶目标。

在硬性环境联通上，一桥连三地的港珠澳大桥于 2018 年 10 月正式开通，加快了粤港澳三地一小时生活圈的形成。这意味着粤港澳三地人民的交流、经贸往来更加便利，有利于粤港澳大湾区的发展。截至 2023 年 10 月，港珠澳大桥通车 5 年来累计客流达 3600 万人次，车流 750 万辆次，大桥口岸进出口总值达 7187.5 亿元人民币。①

在软性环境上，广东省人民政府高度重视"数字湾区"建设。2023 年 11 月，省人民政府办公厅发布《"数字湾区"建设三年行动方

---

① 梁文佳:《同心共进　双向奔赴——港珠澳大桥通车 5 周年》，新华社 2023 年10 月 24 日。

案》，"数字湾区"建设的基本单元包括以数据流动带动要素市场化的湾区发展"要素通"、夯实新型数字基础设施的湾区数字化"基座通"、以数字化赋能投资兴业的湾区企业"商事通"、建设数字产业集聚发展新高地的湾区数字"产业通"、三地数字化协同共治的湾区社会"治理通"和政府服务衔接融合的湾区居民"生活通"。例如，2023 年 8 月，中国人民银行广州分行发布《横琴粤澳深度合作区多功能自由贸易（电子围网）账户业务实施细则（征求意见稿）》①，横琴"电子围网"一方面可让"跨一线"资金自由划转，另一方面可拓展优化自由贸易账户（FT）功能，让粤港澳大湾区金融互联互通向纵深挺进。

（二）始终坚持实体经济为本、制造业当家，在建设更具国际竞争力的现代化产业体系上取得新突破

广东是制造业强省，要发挥好广东的规模经济优势，坚持传统产业、新兴产业、未来产业并举，智能化、绿色化、融合化并进，抓项目、建平台、优环境并推，挺起广东现代化建设的产业"脊梁"。2023 年 6 月，《中共广东省委广东省人民政府关于高质量建设制造强省的意见》（简称"制造业当家 22 条"）的出台是以制造强省迈向高质量建设中国式现代化的广东样板的郑重宣示。具体举措包括：实施"大产业"立柱架梁行动，建设具有国际竞争力的现代化产业体系；实施"大平台"提级赋能行动，打造一批具有全球引领力的产业发展平台；实施"大项目"扩容增量行动，打造吸引全国全球重大项目和投资的首选地；实施"大企业"培优增效行动，培育世界一流企业群；实施"大环境"生态优化行动，建设国际一流的制造业发展环境高地。

随后的 11 月，广东又马不停蹄地印发《广东省新形势下推动工业企业加快实施技术改造若干措施》（简称"技改十条"）、《广东省降

---

① 唐柳雯：《横琴"电子围网"来了！跨境资金自由流动渐行渐近》，广东省港澳办网站 2023 年 8 月 11 日。

低制造业成本推动制造业高质量发展若干措施》（简称"降低制造业成本十条"），从政策支持、科技创新、人才培育、要素保障、组织领导、健全机制等角度进行落实整改。同月，广东召开加快推进新型工业化高质量建设制造强省大会，围绕坚持实体经济为本、制造业当家的核心，聚焦于体系塑造、转型引领、创新驱动、优化环境和拓展纵深五个方面进行布局，努力向 2027 年制造业增加值占地区生产总值比重达 35% 以上、2035 年制造业及生产性服务业增加值占地区生产总值比重稳定在 70% 的制造强省目标迈进。

（三）一体推进教育强省、科技创新强省、人才强省建设，在实现高水平科技自立自强上取得新突破

广东处于改革开放前沿阵地，对产业需求、市场需求的感知尤为敏锐，市场优势突出，这对加强关键核心技术攻关、发挥市场优势牵引科技成果转化大有裨益。同时，要强化产业科技创新的教育人才支撑，不断开辟发展新领域新赛道，塑造发展新动能新优势。由此，才能推进创新链产业链资金链人才链深度融合，推进粤港澳大湾区人才高地建设，形成高端科创人才聚集效应，建设好教育强省、科技创新强省、人才强省。

在推进教育强省建设方面，2023 年 6 月印发《广东省"百县千镇万村高质量发展工程"教育行动方案（2023—2027 年）》，重点关注县域镇域村域的教育资源配置、教育生态构建、教育质量提升。在推进科技创新强省建设方面，2023 年 10 月印发《关于加强新时代广东高技能人才队伍建设的实施意见》，从实施人才培育、打造技能生态、推进学徒机制、深化评价改革四个方面为中国式现代化的广东实践提供有力技能人才支撑。在推进人才强省建设方面，2023 年 11 月印发《广东省人民政府关于加快建设通用人工智能产业创新引领地的实施意见》，通过构建通用人工智能算力枢纽中心、强化通用人工智能技术创新能力、打造大湾区可信数据融合发展区、打造通用人工智能产业集

聚区，打造通用人工智能创新生态圈的举措，形成"算力互联、算法开源、数据融合、应用涌现"的良好发展格局，力争成为国家通用人工智能产业创新引领地。

（四）深入实施"百县千镇万村高质量发展工程"，在城乡区域协调发展上取得新突破

他山之石，可以攻玉。要善于学习借鉴浙江"千万工程"经验，根据各县的特点塑造优势、调整结构、增强动力、实现价值，发挥好广东的要素禀赋动态升级优势、综合制造优势、基础设施优势。要大力发展乡村产业，打造一批产业强县，通过县域经济"火车头"拉动镇域、村域经济发展，以扩权强县和强县扩权改革、镇街体制改革、农村综合改革、城乡融合发展体制机制改革等进行改革赋能，努力把短板变为"潜力板"，强化土地、资金、人才等要素保障，全面推进县镇村高质量发展。

2023 年 2 月，省委召开全面推进"百县千镇万村高质量发展工程"促进城乡区域协调发展动员大会，部署县镇村高质量发展的重点任务，组建省市县三级指挥机构和工作专班。同月，《中共广东省委关于实施"百县千镇万村高质量发展工程"促进城乡区域协调发展的决定》印发，通过推动县域高质量发展、强化乡镇联城带村的节点功能、建设宜居宜业和美乡村、统筹推进城乡融合发展、强化保障措施等举措，力争到 2027 年，城乡区域协调发展取得明显成效，中国式现代化的广东实践在县域取得突破性进展；到 2035 年县域在全省经济社会发展中的地位和作用更加凸显，全省城乡基本实现社会主义现代化。2023 年 11 月，全省推进"百县千镇万村高质量发展工程"促进城乡区域协调发展现场会召开，从大抓产业发展、人居环境建设、公共服务和社会治理、体制机制改革、社会力量参与五个方面的力量，形成缩小城乡差距的强大合力，一体推进区域协调发展。

产业转移是推动城乡区域协调发展的重要抓手。2023 年 2 月，全

省推动产业有序转移促进区域协调发展工作会议召开，通过抓园区平台建设、产业项目导入、营商环境优化、对口帮扶协作和资源要素保障整体推进产业有序转移。2023 年 3 月，《关于推动产业有序转移促进区域协调发展的若干措施》印发，从建立健全长效机制、高标准建设一批产业承接载体、引导产业集群化特色化发展、强化要素支撑、营造良好发展环境共五个方面，多举措推动产业有序转移，促进城乡区域协调发展。

（五）全面推进海洋强省建设，在打造海上新广东上取得新突破

蓝色资源不容小觑、不容忽视，海洋是广东高质量发展的战略要地。海洋亦是融入世界的大通道，是支撑广东发挥改革开放优势、打造外向型经济的重要载体，要发挥好广东的发展环境优势。从全国范围内来看，广东海洋经济具有举足轻重的地位，海洋生产总值连续近三十年位居全国首位。因此，要将海洋牧场、海上能源、临港工业、海洋旅游等现代海洋产业做大做优做强，同时要强化涉海基础设施、海洋科技、海洋生态等支撑保障，进而构建科学高效的海洋经济发展格局，为广东在推进中国式现代化建设中走在全国前列注入"蓝色动力"。

广东虽然是全国海洋经济规模龙头，但海洋经济发展支撑弱、高层次科创平台少等瓶颈制约了广东海洋经济高质量发展。为此，2023 年 8 月，《关于加强海洋资源要素保障促进现代化海洋牧场高质量发展的通知》正式施行。通过加强海洋空间规划支撑，保障现代化海洋牧场发展空间需求；加大用海政策创新，保障现代化海洋牧场资源要素供给；优化用海审批服务，推动现代化海洋牧场发展提质增效，为高质量打造"蓝色粮仓"提供了有力保证。2023 年 9 月，《关于加快海洋渔业转型升级促进现代化海洋牧场高质量发展的若干措施》印发。从科学规划产业布局、打造产业发展平台、培育多元

化市场主体、引导组建产业联合体的角度将做大做优做强现代海洋渔业落到实处。

（六）深入推进绿美广东生态建设，在打造人与自然和谐共生的现代化广东样板上取得新突破

绿水青山就是金山银山。广东从 20 世纪 80 年代提出"5 年消灭荒山、10 年绿化广东"到后来的数十年中绿化率等指标走在全国前列，绿色版图不断扩大。新发展阶段，广东要进一步发挥生态优势，将生态文明建设向纵深发展，由"量"转"质"推进绿美广东建设，不仅需要重视整体的"含绿量"，更要精准发力做好植绿的多样性、护绿的全面性、扩绿的适宜性工作。积极响应国家"双碳"战略，持续用力减污节约降碳，大力发展绿色经济，建立健全生态产品价值实现机制，打通"绿水青山就是金山银山"的有效转化通道，让绿色成为广东的鲜明底色、重要特征。

在《中共广东省委关于深入推进绿美广东生态建设的决定》指导下，2023 年 9 月广东省生态环境保护大会暨绿美广东生态建设工作会议召开。大会要求聚焦突出问题，持续深入打好污染防治攻坚战；着眼治本之策，加快推动发展方式绿色低碳转型；尊重自然规律，着力提升生态系统多样性、稳定性、持续性；把握重点任务，积极稳妥推进"双碳"工作；携手港澳推进美丽湾区建设；坚持重点突破与系统推进相结合，大力推进绿美广东生态建设"六大行动"；坚持生态美、产业强、文化兴、百姓富相促进；坚持改革创新与守住红线相统一；坚持强氛围、扩主体、拓途径相贯通。2024 年 2 月，《广东省培育发展未来绿色低碳产业集群行动计划》印发，部署构筑科技创新"新高地"、布局未来产业"新风口"、激发企业主体"新动能"、拓展融合发展"新场景"、打造数字赋能"新引擎"、搭建全球合作"新平台"的重点任务，为打造人与自然和谐共生的现代化广东样板贡献"绿色力量"。

（七）扎实推进文化强省建设，在努力交出物质文明和精神文明两份好的答卷上取得新突破

广东的文化资源丰厚，人文优势突出。五岭以南，南海之滨，采中原精粹，纳四海新风，岭南文化是中华文化版图中重要的组成部分。党的十八大以来，广东紧紧围绕举旗帜、聚民心、育新人、兴文化、展形象的使命任务，不断推进文化强省建设。党的创新理论可以武装人民头脑、有效指导实践、增强文化自信、凝聚精神力量、鼓励奋进新征程。因此，要在文化强省建设中充分发挥党的创新理论优势，结合丰富的高质量文化供给，更好满足人民对精神文化生活的新期待，向世界讲好湾区故事、广东故事、中国故事，将广东建设成为展示中华民族现代文明的重要窗口。

为取得"两个文明"协调发展上的新突破，2023年11月全省宣传思想文化工作会议召开，会议确立了以新气象新作为全面推动广东宣传思想文化工作高质量发展的新使命。会议强调要坚持不懈用习近平新时代中国特色社会主义思想凝心铸魂，更好展现广东"走在前列"的蓬勃气象，写好广东精神文明建设的时代答卷，推动文化事业和文化产业繁荣发展，增强中华文明的传播力影响力，筑牢防风险保安全的坚固屏障。当前，文化传播的重要载体是网络，要尤为重视网络文化建设。为此，2023年11月，全省网络安全和信息化工作会议召开。会议提出要扎实推动新时代广东网信工作高质量发展，加快建设网络强省；牢牢掌握意识形态工作领导权，坚决守好网络意识形态安全"南大门"；树立正确的网络安全观，全面筑牢网络安全屏障；强化网络综合治理，积极构建网上美好精神家园；发挥信息化驱动引领作用，培育壮大高质量发展新动能。

（八）用心用情抓好民生社会事业，在推动共同富裕上取得新突破

广东是人口大省，根据第七次全国人口普查结果，全省常住人口达 1.26 亿，其中，城镇人口为 9300 多万，占比为 74.15%，而珠三角核心区人口为 7800 多万，占比为 61.91%，展现出人口高度聚集的特点。这为经济的发展提供了大量人口红利，但同时也对社会治理、民生服务提出新挑战。因此，要多方位、多举措加强城市基础设施、公共服务和社会治理等方面的建设，深入实施"民生十大工程"，采取有效措施破解民生难题，推动人口高质量发展，推动高质量充分就业，将广东推进中国式现代化建设的成果更公平惠及广大群众。

就业是改善民生的压舱石。2023 年 8 月，《关于优化调整稳就业政策措施全力促发展惠民生的通知》（简称"稳就业 16 条"）印发，从激发活力扩大就业容量、拓宽渠道促进青年就业、强化帮扶兜牢民生底线、夯实基础提升服务效能四个方面保障高质量就业工作。尽管广东的老龄化程度低于全国，但老年人口数量依然庞大。保民生就是要重视提高老年人生活和生命质量、维护老年人尊严和权利。2023 年 10 月，《关于推进基本养老服务体系建设的实施意见》印发，《广东省基本养老服务清单》同时发布。通过明确基本养老服务对象内容、增强基本养老服务有效供给、拓宽基本养老服务供给渠道、完善基本养老服务保障机制、加强基本养老服务质量监管、加强基本养老服务的组织保障六大举措，力争实现到 2025 年基本建成覆盖全体老年人、权责明晰、保障适度、可持续的基本养老服务体系的目标。同月，《广东省进一步完善医疗卫生服务体系的实施方案》印发，通过促进资源扩容与配置优化、巩固分级诊疗建设成果、强化质量安全与技术创新、科学运用绩效考核评价、深化体制机制改革等举措，力争到 2035 年建成体系完整、分工明确、功能互补、连续协同、运行高效、富有韧性的整合型医疗卫生服务体系。

（九）扎实推进法治广东平安广东建设，在构建新安全格局上取得新突破

广东作为改革开放的排头兵、先行地、实验区，随着改革进入深水区，维护社会稳定任务艰巨繁重。要统筹好发展和安全的关系，就要做到不断提升风险防范化解能力。广东突出"大平安"理念，构建"大安全"格局，把平安建设融入中国特色社会主义事业发展全局一体谋划、整体推进。习近平总书记对广东法治建设、平安建设高度重视，多次作出重要指示。要深刻认识广东在全面依法治国、建设平安中国中的地位作用，坚定不移走中国特色社会主义法治道路，坚定不移贯彻总体国家安全观，以高度的政治责任感扎实推进法治广东平安广东建设，为广东省在推进中国式现代化建设中走在前列创造安全稳定环境、提供坚强法治保障。

中华民族是崇尚英雄、成就英雄、英雄辈出的民族。为多举措推进法治广东平安广东建设，2023 年 8 月广东首次在省级层面召开见义勇为英雄模范表彰大会，鼓励广大干部群众争做见义勇为美德的传承者、见义勇为精神的倡导者和见义勇为事业的参与者。2023 年 9 月，平安广东建设工作会议召开，会上首次在省级层面开展对各单位的"平安鼎"颁授活动，勉励各级单位进一步加强平安广东建设。会议还强调，要始终坚持党的领导，牢牢把握建设更高水平的平安广东的根本保证；始终坚持以人民为中心，牢牢把握建设更高水平的平安广东的价值追求；始终坚持法治思维，牢牢把握建设更高水平的平安广东的基本方式；始终坚持改革创新，牢牢把握建设更高水平的平安广东的动力源泉；始终坚持敢于斗争、善于斗争，牢牢把握建设更高水平的平安广东的重要法宝。

（十）坚定不移加强党的全面领导和党的建设，在营造良好政治生态上取得新突破

办好中国的事情，关键在党。这是我们党百年历史得出的一个基本结论。习近平总书记在党的十九届五中全会通过的《中共中央关于制定国民经济和社会发展第十四个五年规划和二〇三五年远景目标的建议》中强调，高质量发展不仅仅是指经济领域，还包括党和国家事业发展的其他各个领域。提高党的建设质量也是高质量发展的题中应有之义和有机组成部分。广东要发挥好政治生态优势，以党的政治建设统领党的各方面建设，深刻领悟"两个确立"的决定性意义，增强"四个意识"、坚定"四个自信"、做到"两个维护"。要全面加强党的思想建设，聚焦用党的创新理论武装头脑，提升干部队伍素质，增强各层级各领域党组织的政治功能和组织功能；要坚持高质量抓好党的作风建设和纪律建设，才能保持党同人民群众的血肉联系，广泛凝聚人民群众推动经济社会发展的智慧和力量，为广东推进现代化建设提供坚强政治保证。

在加强党的思想建设方面，全省学习贯彻习近平新时代中国特色社会主义思想主题教育工作会议于 2023 年 4 月召开。会议要求广大干部切实提高政治站位，进一步增强学习贯彻习近平新时代中国特色社会主义思想的思想自觉政治自觉行动自觉；牢牢把握主题教育的总要求和根本任务，努力在以学铸魂、以学增智、以学正风、以学促干方面取得实实在在的成效；全面落实党中央关于主题教育的各项部署，把"学思想、强党性、重实践、建新功"总要求贯穿主题教育全过程，确保取得实实在在的成效。2023 年 9 月，广东省学习贯彻习近平新时代中国特色社会主义思想主题教育第一批总结暨第二批部署会议召开。会议强调，要深刻认识第二批主题教育贴近基层一线、贴近工作实际、贴近人民群众的特点，准确把握推进主题教育的方向和重点；要以高度负责的精神精心组织好第二批主题教育，推动学习贯彻习近平新时

代中国特色社会主义思想走深走实；要加强组织领导，周密安排部署，强化督促指导，确保第二批主题教育抓出质量、取得实效。

在扎实推进组织建设方面，2023年8月广东省举行第二十一期领导干部党章党规党纪教育培训班。会议要求领导干部要学习好、领悟好、落实好习近平总书记关于全面从严治党的重要要求，以管党治党新成效推动广东现代化建设行稳致远；要始终保持解决大党独有难题的清醒和坚定，带头扛起全面从严治党政治责任，以身作则发挥示范引领作用；要以彻底的自我革命精神推进全面从严治党，为推进中国式现代化的广东实践营造风清气正的政治生态。2023年9月，全省组织工作会议召开。会议强调，在新起点上，要深入学习贯彻习近平总书记关于党的建设的重要思想，把坚持"两个确立"、做到"两个维护"体现到做好广东党的建设和组织工作的具体行动上；要以坚持和加强党中央集中统一领导为最高原则，紧扣省委"1310"具体部署，精准定位、积极作为，在奋进新征程中展现组织工作新担当；要突出重点、抓住关键，全面提升理论武装、选贤任能、强基固本、育才聚才的质量和水平，奋力开创全省组织工作新局面。

思考题：

1. 结合自身所在岗位，请思考在具体实践中将"五个坚持"落到实处如何兼顾，试举例说明。

2. 请结合工作实际，谈谈对斗争精神中斗争对象、斗争方法的理解，以及如何在实际工作中更好发扬斗争精神。

3. 请结合自身工作，谈谈要奋力实现"十大新突破"，如何处理"稳"与"进"、"立"与"破"、"质"与"量"、"短板"与"长板"等关系。

第四章 激活"三大动力" 再造广东现代化建设关键新优势

改革开放以来，广东从相对落后的农业省崛起为第一经济大省，动力源自改革、源自开放、源自创新。奋进新征程，我们要把握规律、把握主动，着力激活改革、开放、创新"三大动力"，再造新征程广东现代化建设关键新优势。要激活改革动力，再造体制机制新优势，坚持把全面深化改革作为推进中国式现代化的根本动力，进一步提振改革精气神，推动思想再解放，坚持以改革的办法推进改革，让"敢闯敢试、敢为人先"成为广东继续前行的强大动力、时代标识。要激活开放动力，再造发展空间新优势，通过加强对内开放、推进高水平对外开放、深化粤港澳合作、促进城乡区域协调发展、建设海上广东等在更大范围、更宽领域、更深层次拓展经济纵深，优化生产、分配、流通、消费体系，把经济底盘筑得更厚更实、经济触角伸得更远更深。要激活创新动力，再造发展活力新优势，牢牢把握创新第一动力，把科技创新作为重中之重，推动创新落到产业上、企业上、发展上，大力营造崇尚创新、鼓励创新、勇于创新的浓厚氛围，善于创造性抓落实，把全社会的创新创造活力充分激发出来、凝聚起来，焕发出热烈升腾的时代气象。

一、激活改革动力再造体制机制新优势

回望改革开放 40 多年，广东之所以能够得风气之先，根本上离不

开改革、开放、创新提供的强大动力支撑。习近平总书记一再叮嘱，开创广东工作新局面，最根本的还是要靠改革开放；强调创新才能把握时代、引领时代。广东要在推进中国式现代化建设中走在前列，面临的风险和挑战都很多，并不是敲锣打鼓、轻轻松松就能实现的。广东要深入把握改革、开放、创新的内在规律和运行机理，及时解决可能导致动力衰减的突出问题，抓住动力再生、动能升级的重点所在，在新征程重塑强大动力系统，再造"走在前列"的关键新优势。在改革、开放、创新"三大动力"中，改革激发的动力是基础性、全局性、牵引性的动力，是推进中国式现代化的根本动力。改革强，广东才能强。新征程上，要以更大魄力、在更高起点上推进全面深化改革，把制度机制优势在新的高度立起来。

（一）激活改革动力，要推动思想再解放

解放思想是发展中国特色社会主义的一大法宝，既然实践在不断发展，事物在发展，解放思想就是一个永无止境的过程。解放思想就是要破除落后观念的束缚，以新的思想不断充实和提升自身。中国特色社会主义进入新时代，新时代的根本特征是当前我国面临的主要矛盾发生转变，人民日益增长的美好生活需要和不平衡不充分的发展之间的矛盾成为主要矛盾。为了解决这个主要矛盾，需要进一步解放思想。全面深化改革、坚持解放思想是推动社会进步的重要力量，回望中国改革开放40多年历程，每一次大发展都伴随着一次思想大解放，每一次思想大解放都促进了大发展。

解放思想是中国共产党在百年奋斗历程中形成的宝贵精神传统，中国改革开放40多年的实践尤其是广东取得的经验充分证明，只有思想的大解放，才有改革的大突破、制度的大创新。"历史上任何一次真

正的改革,总是以解放思想、转变观念为先导的。"① 思想解放和观念更新的力度,决定了中国特色社会主义发展的深度和广度。立足新发展阶段、贯彻新发展理念、构建新发展格局,推动高质量发展,要求我们进一步解放思想。只有思想上的解放、观念上的破冰,才能以超常的思路、办法和举措引领行动的突围。解放思想是为了统一思想、凝聚共识、形成合力,通过解放思想,以更大勇气冲破束缚、迎难而上,敢闯敢为、争先进位,坚决补齐体制机制、经济结构、开放合作、思想观念方面的短板,更好地推动高质量发展。解放思想没有止境,改革创新也永远在路上。如何扛起时代责任、推进阶段任务,关键在于不断解放思想、改革创新。

改革开放的深化过程本质上就是思想再解放的过程。发展是解决一切问题的关键,改革开放则是中国发展的根本动力,而思想再解放则是改革开放和发展的前提。历史昭示,没有思想解放就没有改革开放,没有改革开放就没有中国特色社会主义。"改革开放胆子要大一些,敢于试验,不能像小脚女人一样。看准了的,就大胆地试,大胆地闯。"② 不改革开放,中国的发展是没有出路的,只有"改革不停顿、开放不止步",中国才能大踏步赶上时代。改革开放以来,中国改革决心愈发坚决,从小岗村的包干到户,到党的十八大以来全面深化改革"啃最难啃的骨头",中国一直在不断解放思想,开辟改革开放之路。在改革开放的进程中,中国取得了举世瞩目的历史性成就,实现了前所未有的历史性变革,实现了从站起来、富起来到强起来的伟大飞跃,比历史上任何时期都更加接近实现中华民族伟大复兴的目标。改革开放的历程就是思想不断解放的历程,坚持和发展中国特色社会主义的历程就是思想解放的历程。

激活改革活力,必须坚决破除一切不合时宜的思想观念和体制机

---

① 蒋斌、梁桂全主编:《敢为人先——广东改革开放30年研究总论》,广东人民出版社2008年版,第207页。

② 《邓小平文选》第3卷,人民出版社1993年版,第372页。

制弊端，突破利益固化的藩篱。在激发改革的进程中，形成了新的利益关系、利益格局，其中有的是固化利益、既得利益，构成利益藩篱、利益壁垒，成为前进发展的重大阻力。2013 年 11 月 9 日，习近平总书记在《关于〈中共中央关于全面深化改革若干重大问题的决定〉的说明》中指出："冲破思想观念的障碍、突破利益固化的藩篱，解放思想是首要的。在深化改革问题上，一些思想观念障碍往往不是来自体制外而是来自体制内。思想不解放，我们就很难看清各种利益固化的症结所在，很难找准突破的方向和着力点，很难拿出创造性的改革举措。因此，一定要有自我革新的勇气和胸怀，跳出条条框框限制，克服部门利益掣肘，以积极主动精神研究和提出改革举措。"① 思想解放才能看清各种利益固化的症结所在，才能找准突破的方向和着力点，才能拿出创造性的改革举措。

将改革进行到底，要求我们要以勇于自我革命的气魄、坚韧不拔的毅力推进改革，敢于向积存多年的顽瘴痼疾开刀，敢于触及深层次利益关系和矛盾，坚决冲破思想观念束缚，坚决破除利益固化藩篱，坚决清除妨碍社会生产力发展的体制机制障碍，以坚决的自我革命推动深刻的社会革命取得最后胜利。"问题的解决，仍需要靠深化改革，用改革的精神指导各项工作，用强有力的改革举措打破固化的利益格局。"② 改革是人民的利益所系、希望所在，是团结带领人民共同奋斗的旗帜。激发改革活力，就是要推进社会公平正义，改革利益分配机制，克服利益关系调整、利益格局重塑遇到的重大阻力，破除阻碍国家和民族发展的一切思想和体制障碍。

解放思想就是要破除落后观念的束缚，以新的思想不断充实和提升自身。习近平总书记指出，改革开放的过程就是思想解放的过程，没有思想大解放，就不会有改革大突破。只有解放思想才能戒除主观

---

① 《习近平谈治国理政》第 1 卷，外文出版社 2018 年版，第 87 页。
② 陶一桃等：《中国经济特区发展：1978—2018》，社会科学文献出版社 2018 年版，第 115 页。

想象和异想天开，才能避免各种胡干蛮干。如果任由主观想象和异想天开支配人的头脑，必然会导致任性和随意，莽撞蛮干不是不够努力，而是努力的方向和方法不对，越努力危害越大，要避免各种主观任意和莽撞蛮干，必须做到解放思想。进一步解放思想、进一步解放和发展社会生产力、进一步解放和增强社会活力，这"三个进一步解放"既是改革的目的，又是改革的条件。新时代全面深化改革必须进一步解放思想，冲破思想观念的障碍，突破利益固化的藩篱，正确处理好活力和有序的关系，让一切劳动、知识、技术、管理、资本等要素的活力竞相迸发，让一切创造社会财富的源泉充分涌流，更好地解放和发展社会生产力。

思想是行动的先导。创业维艰，"二次创业"注定充满艰辛、极富挑战。一定要拿出广东 45 年前改革开放的闯劲干劲拼劲，以"归零心态"，在新起点上重新出发。正如邓小平曾说的："没有一点'冒'的精神，没有一股气呀、劲呀，就走不出一条好路，走不出一条新路，就干不出新的事业。"① 我们要继续"敢于说前人没有说过的新话，敢于干前人没有干过的事情"，打破思想禁区、制度藩篱，继续"杀出一条血路""蹚出一条新路"。激活改革动力，再造体制机制新优势。

（二）激活改革动力，要以改革的办法推进改革

习近平总书记强调，改革开放是前无古人的崭新事业，必须坚持正确的方法论，在不断实践探索中推进。坚持以改革的办法推进改革，大力解决广东当下存在的产业结构还不够优、传统产业转型升级还不够快、企业创新主体地位还不够突出、制度型开放还有待进一步深化等问题，需要我们用在改革开放历程中积淀下来的"敢闯敢试、敢为人先"的宝贵精神和厚重经验，为广东高质量发展注入强劲动力。

广东是改革开放的排头兵、先行地、实验区，只有学好用好总书

① 《邓小平文选》第 3 卷，人民出版社 1993 年版，第 372 页。

记教导的改革方法论,以科学的谋划、有力的举措推动改革不断取得新突破,才能继续走在前列。全面深化改革过程中,要坚持解放思想和实事求是,处理好尊重客观规律和发挥主观能动性的关系。一方面要坚持一切从实际出发,按照客观规律办事;另一方面要鼓励地方、基层、群众大胆探索、先行先试,及时总结经验,勇于推进理论和实践创新,不断深化对改革规律的认识。要处理好重点突破与整体推进的关系,坚持以经济体制改革为主轴,谋划更多创造型、引领型改革,努力在重点领域和关键环节改革上取得新突破,以此牵引其他领域改革,使各项改革协同推进、同向共进。要处理好顶层设计和摸着石头过河的关系,坚决遵循中央顶层设计推进改革,加强顶层设计和摸着石头过河的结合运用。摸着石头过河,是富有中国特色、符合中国国情的改革方法,也是符合马克思主义认识论和实践论的方法。摸着石头过河和加强顶层设计是辩证统一的,推进局部的阶段性改革开放要在加强顶层设计的前提下进行,加强顶层设计要在推进局部的阶段性改革开放的基础上来谋划。要加强宏观思考和顶层设计,更加注重改革的系统性、整体性、协同性,同时也要继续鼓励大胆试验、大胆突破,不断把改革开放引向深入。要处理好效率与公平的关系,既要通过改革促进提高效率,又要加快建立以权利公平、机会公平、规则公平为主要内容的社会公平保障体系,实现效率与公平相兼顾、相促进、相统一。要处理好活力与秩序的关系,循序渐进推动改革,确保整个社会活而不乱、活跃有序。

改革开放是一个系统性工程,必须坚持全面改革,在各项改革协同配合中推进。要注重各项改革的相互促进、良性互动,把推进经济、政治、文化、生态等各个方面改革开放有机结合起来,把推进理论创新、制度创新、科技创新、文化创新以及其他方面创新有机衔接起来,整体推进,重点突破,形成推进改革开放的强大合力。

激活改革动力,要以改革的办法推进改革。广东要牢牢扭住并不断巩固改革这个关键优势,锚定强国建设、民族复兴目标,围绕高质量发展这个首要任务和构建新发展格局这个战略任务，聚焦重要领域和关键环节攻坚突破，为实现"十大新突破"提供强大动力支撑。一是以规则衔接和机制对接为重点，创新粤港澳大湾区建设体制机制，把大湾区打造成联通国内国际双循环的战略支点。二是以高标准市场体系建设为重点，构建高水平社会主义市场经济体制，全方位建设现代化经济体系。三是以夯实创新基础、激发创新活力为重点，深化教育科技人才体制改革，一体推进教育强省、科技创新强省、人才强省建设。四是以扩权强县和强县扩权改革为重点，建立县域高质量发展体制机制，推动城乡区域协调发展。五是以强化陆海统筹、山海互济机制为重点，推动海洋强省建设，打造海上新广东。六是以推动发展方式绿色转型为重点，深化生态文明制度改革，打造人与自然和谐共生的现代化广东样板。七是以深化文化体制改革为重点，扎实推进文化强省建设，努力交出物质文明和精神文明两份好的答卷。八是以完善保障和改善民生制度体系为重点，通过"小切口"实现"大变化"，探索共同富裕有效路径。九是以社会治理体制机制创新为重点，推进法治广东平安广东建设，着力构建新安全格局。十是以完善落实党中央集中统一领导体制机制为重点，深化党的建设制度改革，营造良好政治生态。

要把粤港澳大湾区建设作为深化改革开放的大机遇、大文章抓紧做实，高水平推进深圳先行示范区和横琴、前海、南沙三大合作平台建设，将粤港澳大湾区打造成为新发展格局的战略支点、高质量发展的示范地、中国式现代化的引领地。以构建高水平社会主义市场经济体制为主攻方向，聚焦要素配置市场化、科技创新、营商环境、自贸区等重点领域谋划实施一批创造型、引领型改革；持续用好深圳综合改革试点、省级改革创新实验区等平台，注重以集成性改革破解深层次问题和矛盾，加快构建推动高质量发展的体制机制。

以改革的办法持续推进改革，广东要"动真格"，需要从三个方面推进改革。一是增强改革思维。思维是行动的先导，没有正确的思维，就不可能有正确的行动。广东要进一步强化改革思维，以坚定的改革行动营造良好的改革环境，充分发挥制度优势，全面释放内生动力。要做到准确识变、科学应变、主动求变，从源头和根子上解决新发展格局下高质量发展存在的问题，更加自觉运用改革思维，多用改革办法，善用改革举措，全面深入推进广东改革。二是优化改革生态。在优化改革生态方面，广东有诸多优势，如国家改革试验示范平台多，改革先行试点项目多，在长期的改革开放过程中，广东在改革实践中积累了丰富经验，由于广东人特有的改革精气神，广东改革有良好基因。为了发挥这些客观优势，需要进一步提升广东改革的主观能动性，如进一步充分激发各类主体、各个层面、各个领域的改革积极性、主动性和能动性，营造生动活泼、比学赶超、争先恐后、锐意改革的良好氛围。三是提升改革能力。改革是个系统工程，改革思维和改革生态是推进改革的重要条件，但推进改革最重要的因素是改革能力，能力关乎事情的成败。广东在增强改革思维和优化改革生态的基础上，要以粤港澳大湾区建设为总牵引，持续提升改革能力，尤其要增强制度的创新供给、集成供给、系统供给和迭代供给能力，将促发、激发出来的改革热情与改革意愿转换为扎扎实实的改革方案与改革行动，不断提升改革效能。

迈上新征程，国内外形势发生了复杂深刻变化，推动高质量发展，广东还是要继续用好用足改革开放"关键一招"，依靠改革开放应对变局、开拓新局，破除发展瓶颈、汇聚发展优势、增强发展动力。

（三）激活改革动力，要提振改革精气神

激活改革动力，要提振改革精气神。改革开放之初，广东依靠"特殊政策、灵活措施"杀出一条血路。1979 年 4 月，广东省委负责人向中央领导同志提出兴办出口加工区、推进改革开放的建议。"习仲勋主持广东工作期间，曾代表省委向中央要政策，最终促成了广东改革开放先走一步的启动。这是习老主持广东工作期间最值得称道的功

绩之一。"① 邓小平同志明确指出，中央可以给些政策，广东自己去搞，要杀出一条血路来。同年 7 月，党中央、国务院批准广东试办出口特区。邓小平曾说过："改革开放胆子要大一些，敢于试验，不能像小脚女人一样。看准了的，就大胆地试，大胆地闯。"② 中央有特许广东先行先试的政策，但是先行先试的具体办法和措施都得在具体的实践中去探索、去实验。在改革开放进程中，广东在先行先试中交出了漂亮的成绩单，不仅在诸多领域实现了跨越式的发展，而且在中国改革进程中扮演着重要角色，这些成绩的取得同广东特有的改革精气神密切相关。奋进新征程，广东要第二次创业，同样没有先例可循，我们比过去任何时候都更加需要改革的勇气和胆识，我们必须继续提振改革精气神。

一是要继续发扬敢闯敢试、敢为人先的精神。敢闯敢试、敢为人先的精神是从传统走向现代的广东最为鲜明的地域精神特质。"这种敢为人先、开拓进取的精神，在改革开放背景下发展到了极致。"③ 改革开放的时代背景赋予了广东人敢闯敢试、敢为人先的精神以新的内涵。广东人以其敢闯敢试、敢为人先的精神特质，实现了诸多开创式的发展，成为中国改革开放的前沿阵地。随着改革开放在广东的逐渐开展，对效率的重视逐渐凸显，随之形成社会主义市场经济的良性竞争意识，实践了以改革创新为核心的时代精神。2023 年广东地区生产总值达到 13.57 万亿元，成为全国首个突破 13 万亿元的省份，广东地区生产总值连续 35 年位居全国第一。广东作为中国经济总量最大的省份，其发展的主要动力之一，无疑是融入改革创新精神的敢闯敢试、敢为人先特质。正是在这种敢闯敢试、敢为人先的精神特质的作用下，广东能够在新时代精神的指引下，不断打破过去的、不合时宜的发展模式，

① 曲青山、吴德刚主编：《改革开放口述史：地方卷》，中国人民大学出版社 2019 年版，第 395 页。

② 《邓小平文选》第 3 卷，人民出版社 1993 年版，第 372 页。

③ 王培楠主编：《"一带一路"广东要览》，广东经济出版社 2016 年版，第 23 页。

不断打破思维定式，不断开阔视野，在实践中为中国改革开放的创新发展作出了突出的贡献。

二是要继续发扬勇于创新、敢于啃硬骨头的精神。改革开放 45 年来，广东率先经历了改革开放的浪潮，思想观念活跃，不拘陈规，勇于创新，敢于啃硬骨头，广东人"敢吃螃蟹，会吃螃蟹"，他们的创新精神一直为国人所称道。广东改革开放所取得的成就是在提倡不断创新和敢于啃硬骨头的实践中创造出来的。广东人勇于革故鼎新，不断进取，深切地认识到创新始终是推动广东向前发展的重要力量，是引领广东发展的第一动力。广东人把创新摆在广东发展全局的核心位置，只有通过创新，才能占领先机、赢得主动，创新必须通过改革，敢于啃硬骨头才能实现。改革往往涉及较为复杂的旧有的利益关系，矛盾越大，问题越多，越要攻坚克难、勇往直前。广东人把创新和敢于啃硬骨头的精神贯彻到底，以只争朝夕的精神进行改革，通过自主创新和效率优先，通过勇气、胆识和担当让改革真正落在实处。

三是要继续发扬苦干实干、巧干善干的精神。广东人特有的精气神还表现在苦干实干、巧干善干的实践品格上。广东人明白事业是干出来的而不是想出来的这个道理，认为幸福是奋斗出来的，是建立在实践基础上的。只有实干，才能增长能力，才能找到问题所在。只有实干苦干才能戒除主观想象和异想天开，才能避免各种胡干蛮干，不让任性和随意支配头脑。实干苦干不是蛮干，需要思考如何干好的问题，这就需要巧干善干。巧干善干不是投机取巧，而是在长期苦干实干的实践积累中找到科学方法，把改革创新精神融入具体工作当中，用新眼光观察问题，从新角度提出问题，用新思路分析问题，用新方法解决问题。做到巧干，就要加强对新知识的学习，善于总结规律，敢于突破陈规，创新方法，提高工作效率和质量。正是由于广东人特有的苦干实干、巧干善干精神，广东才能勇立潮头。广东人崇尚实干、善于变通，能够随机应变进行变革，把按常规旧制和一般方法办不成的事办成。善于变通就是用足、用好政策，"杀出一条血路"不是蛮干,而是巧干和善干。

改革开放 45 年来,广东之所以能够取得伟大成就,正是因为这种敢涉险滩、一往无前的广东特有的改革精气神。广东在新的历史起点上进一步深化改革,必须大力弘扬广东这种特有的改革精气神,在敢闯敢试、敢为人先、勇于创新、苦干实干、巧干善干中再创佳绩,再创辉煌!创业维艰,"二次创业"注定充满艰辛、极富挑战。全省上下要始终保持改革开放排头兵、先行地、实验区的历史自觉,传承弘扬以习仲勋老书记为代表的广东改革开放先行者的改革精神、革命精神,无私无畏、有胆有识,敢闯敢试、敢为人先,再造体制机制新优势,在现代化建设中蹚出一条新路来!

二、激活开放动力再造发展空间新优势

开放带来进步,封闭必然落后。邓小平曾说:"现在任何国家要发达起来,闭关自守都不可能。我们吃过这个苦头,我们的老祖宗吃过这个苦头。""历史经验教训说明,不开放不行。"[①] 实践证明,过去 45 年中国经济发展是在开放条件下取得的,未来中国经济实现高质量发展也必须在更加开放的条件下进行。这是中国基于发展需要作出的战略抉择,同时也是在以实际行动推动经济全球化造福世界各国人民。改革开放是中国的必由之路。这条路我们会一直走下去,越是有阻力,越是有人为设置的障碍,我们越要迎难而上,进一步扩大开放。

广东因开放而兴。2023 年 4 月,习近平总书记视察广东时,强调广东要在扩大高水平对外开放方面继续走在全国前列。"在全国的开放格局中,广东省处于开放的最前沿,开放范围最广、开放程度最高、开放功能最完备。"[②] 以开放之势、开放之力,深化新时代改革,促进

---

① 《邓小平文选》第 3 卷,人民出版社 1993 年版,第 90 页。

② 舒元等:《广东发展模式:广东经济发展 30 年》,广东人民出版社 2008 年版,第 242 页。

高质量发展,是推进广东现代化建设的不二法门。

(一) 在扩大对内对外开放中激活开放动力

要向加强对内开放要纵深,深入推进省际合作、东西部协作等,加强粤港澳大湾区建设同其他区域重大战略相互衔接、协同联动。要向推进高水平对外开放要纵深,服务国家对外工作大局,以更具自主性、坚韧性、伸展性的经贸链条构筑更稳固更紧密的外部经济纵深。适应全球化新形势,必须推动对内对外开放相互促进,引进来和走出去更好结合,促进国际国内要素有序自由流动,资源高效配置、市场深度融合,加快培育参与和引领国际经济合作竞争新优势,以开放促改革。坚持对内开放和对外开放相结合,培育开放型经济主体,营造开放型经济环境,以更高水平开放促进更高质量发展。中国构建更高水平开放型经济新体制的方向不会变,促进贸易和投资自由化便利化的决心不会变。中国开放的大门只会越开越大,永远不会关上。

一是加快推进广东对内开放在战略纵深上实现新突破。强大的国内市场是广东高质量发展的最有力支撑,要通过优化完善基础设施建设,压缩广东与其他地区的"时空距离",通过消除区际市场和行政壁垒,推动全国统一大市场建设。加强与其他区域重大战略相互衔接、协同联动,打通与周边省份的堵点卡点,助力加快建设全国统一大市场。深入推进省际合作、东西部协作、援疆援藏工作,加强粤港澳大湾区建设同京津冀、长三角、成渝双城等都市圈的联动和互动,继续推动泛珠区域通关一体化、市场共建共享和统一开放的区域市场体系打造,在服务全国发展一盘棋过程中,充分发挥广东优势,扩展市场空间。推动粤西与海南相向而行,主动融入海南自由贸易港、北部湾城市群、西部陆海新通道等国家战略,强化湛江陆海贸易通道战略枢纽和关键节点功能。推动粤东潮州、汕头等城市与海峡西岸城市群联动发展。外贸领域,主要是商品的"进与出"(进口与出口),目标导向是稳规模、优结构;外资领域,主要是资本的"引进来",目标导向是稳存量、扩增量；外包领域，主要是服务的"进与出"，目标导向是提质量、增效益；外经领域，主要是资本的"走出去"，目标导向是优布局、提质量；外智领域，主要是人才的"引进来"，目标导向是拴住心、留住人。

二是以高水平对外开放为广东高质量发展塑造新动能新优势。"实践告诉我们，要发展壮大，必须主动顺应经济全球化潮流，坚持对外开放，充分运用人类社会创造的先进科学技术成果和有益管理经验。"① 对外开放是我国的基本国策。改革开放45年的历史足迹充分证明，以开放促改革、促发展，是我国现代化建设不断取得新成就的重要法宝，对外开放已经成为推动中国经济社会发展的重要动力，只有大力发展开放型经济，形成全面开放新格局，才能有效解决我们在经济社会发展中存在的各种问题。广东通过打好外贸、外资、外包、外经、外智"五外联动"组合拳，稳步扩大规则、规制、管理、标准等制度型开放，加快建设贸易强省，塑造广东贸易的战略态势和战略优势，把广东打造成为全球高端要素集聚和资源配置的枢纽区域。广东要充分利用拓展东盟市场的历史机遇，以粤港澳大湾区为主要载体，全面拓展与东盟在贸易往来、相互投资、产业合作、基础设施建设等方面的合作空间。

进出口领域，尽量稳住美欧等传统发达地区市场，积极拓展东南亚、南亚、非洲、拉丁美洲等新兴市场，充分发挥广交会、进博会、服贸会、消博会等重大展会平台作用。吸引外资领域，瞄准制造业当家，开展链主招商、隐形冠军招商、未来产业招商、科技项目招商。服务外包领域，做优做强软件开发、信息运营维护、云计算服务等外包业务，拓展供应链管理、工业设计、管理咨询等高端生产性服务业外包。对外投资领域，推动优势产业有序开展国际产能合作，高质量

---

① 《在省部级主要领导干部学习贯彻党的十八届五中全会精神专题研讨班上的讲话》，《人民日报》2016年5月10日。

建设境外经贸合作区,拓展延伸跨国产业链协同合作。引留人才领域,坚持引资引技引才相结合,实施更加开放便利的入出境、停居留政策,优化金融、税收、教育、医疗资源供给,营造引得进、留得住的一流引智环境。

三是更深层次创新体制机制。更深层次的开放,需要深入参与国际经贸秩序治理,其重点是构建开放型经济新体制。主要包括:第一是在对接国际高标准经贸规则上发挥港澳"超级联系人"作用,深化与港澳在金融、科创、人才等方面的规则衔接与机制协同。第二是依托"一带一路"合作国家市场推动规则和标准的对外输出,依托《区域全面经济伙伴关系协定》(RCEP)开展"数字+"领域的小切口、大格局创新,探索参与发达经济体市场竞争提升制度话语能力,积极测试《全面与进步跨太平洋伙伴关系协定》(CPTPP)与《数字经济伙伴关系协定》(DEPA)等规则,加快高标准规则吸收转换等。"通过扩大国际贸易、引进外商直接投资、企业对外投资、参与全球经济治理,以及近年来积极实施'一带一路'建设,对外开放使中国最大限度地参与到经济全球化中,国内各经济区域也显著提高了开放程度。"① 第三是以横琴、前海、南沙、河套等合作平台为载体,发挥各自优势率先对标国际高水平经贸规则,针对特定行业领域和特定群体进行开放的压力测试,形成可复制可推广的开放创新经验。

(二)在深化粤港澳合作中激发开放活力

粤港澳大湾区建设是习近平总书记亲自谋划、亲自部署、亲自推动的重大国家战略,是全面深化改革开放的重大举措,是丰富"一国两制"实践的全新探索。2023年4月,习近平总书记视察广东,赋予粤港澳大湾区"一点两地"全新定位,再次叮嘱我们要把粤港澳大湾

---

① 蔡昉:《中国经济发展的世界意义》,中国社会科学出版社2019年版,第173页。

区建设摆在重中之重，作为深化改革开放的大机遇、大文章抓紧做实。

开放是湾区与生俱来的基因。粤港澳大湾区区位优势突出，既是海上丝绸之路的重要起点，更是一个中心枢纽，临近全球第一黄金航道，是太平洋和印度洋航运的重要枢纽，向西、向东、向南都可到达世界重要的经济区。作为我国开放程度最高、经济活力最强的区域之一，粤港澳大湾区在国家对外开放发展大局中具有重要战略地位。提升开放水平，打造高层次开放型世界经济，已成为粤港澳大湾区经济发展进入新阶段的关键议题。

在深化粤港澳合作中激发开放活力，要加快推进各领域的联通、贯通、融通，推动三地融合发展，促进大湾区各城市珠联璧合，进一步做强湾区大市场。面对复杂严峻的外部形势挑战，粤港澳大湾区延续经济复苏势头，"立体交通网"越织越密，积极探索"一事三地、一策三地、一规三地"，市场互联互通更加顺畅有序、科技创新动力更足、对外开放更加积极主动，正朝着建成国际一流湾区和世界级城市群的既定目标加速前进。以规则衔接和机制对接为重点，创新粤港澳大湾区建设体制机制，把大湾区打造成联通国内国际双循环的战略支点。

围绕粤港澳大湾区"一点两地"全新定位，发挥粤港澳综合优势，以粤港澳规则衔接和机制对接为重点，推进大湾区市场一体化建设，实施"湾区通"工程，加快"数字湾区""轨道上的大湾区"建设，完善便利港澳居民生活、学习、就业政策服务体系，加快建设富有活力和国际竞争力的一流湾区和世界级城市群。加快构建高水平开放型经济体制，深化贸易投资领域体制机制改革，实施自由贸易试验区提升战略，加强"一带一路"建设，稳步扩大规则、规制、管理、标准等制度型开放，加快打造高水平开放门户枢纽。

广东一直高度重视和大力推进粤港澳大湾区建设，2023年以来，"轨道上的大湾区"加速成型，广汕高铁全线正线铺轨完成、南珠（中）城际项目开工，深中通道全线实现合龙对接，港珠澳大桥珠海公路口岸推进"一站式"系统升级迎"港车北上"……轨道交通"织线成网"，加速了多种要素高效流通。与此同时，"软联通"也在持续推进。2023 年 4 月，110 项"湾区标准"以清单形式正式公布，涵盖食品、粤菜、中医药、交通、养老、物流等 25 个领域。大到营商环境，小到一块杏仁饼，如今都有了"湾区标准"，体现出大湾区标准服务供给模式和规则对接路径的创新。

广东牢牢抓住粤港澳大湾区建设这个新时代改革开放的"纲"，统筹推进深圳先行示范区和横琴、前海、南沙三大合作平台建设，牵引带动全省以更大魄力在更高起点上推进改革开放。"广东坚决贯彻总书记关于深化改革的重要指示要求，坚持改革不停顿、开放不止步，继续弘扬敢闯敢试、敢为人先的改革精神，注重用改革开放眼光看改革开放，书写好粤港澳大湾区建设这篇大文章，引领带动改革开放不断实现突破，举全省之力推进粤港澳大湾区建设。"[①] 互联互通与协同发展，是粤港澳大湾区发展的关键所在。"湾区通"工程落实有力，大湾区国际科技创新中心建设加快推进，与港澳规则衔接、机制对接水平有效提升，粤港澳大湾区建设跑出"加速度"，辐射带动能力不断增强；深圳先行示范区建设全面铺开、纵深推进，综合改革试点首批 40 项授权事项全部落地，18 条试点经验在全国推广；三大合作平台建设开局良好，粤港澳全面合作渐入佳境；自贸试验区 41 项改革创新经验在全国复制推广，营商环境、数字政府、要素市场化等领域改革走在全国前列。

对标世界一流湾区，广东发展开放型经济尚有很大提升空间。粤港澳大湾区融合发展水平还不够高，仍然存在一些影响货物、人员、资金、信息、技术等要素跨境流动和高效配置的障碍；具有全球影响力的市场平台、功能性机构还不够多，自主可控、安全高效的全球产

---

① 《广东改革开放史》课题组编著：《广东改革开放史（1978—2018 年）》，社会科学文献出版社 2018 年版，第 709 页。

业链供应链体系还需要进一步完善;制度型开放水平还不够高,参与高标准国际经贸规则制定的能力还需要进一步提升。

要把粤港澳大湾区建设作为深化改革开放的大机遇、大文章抓紧做实,高水平推进深圳先行示范区和横琴、前海、南沙三大合作平台建设,将粤港澳大湾区打造成为新发展格局的战略支点、高质量发展的示范地、中国式现代化的引领地。以构建高水平社会主义市场经济体制为主攻方向,聚焦要素配置市场化、科技创新、营商环境、自贸区等重点领域谋划实施一批创造型、引领型改革;持续用好深圳综合改革试点、省级改革创新实验区等平台,注重以集成性改革破解深层次问题和矛盾,加快构建推动高质量发展的体制机制。

(三) 在促进城乡区域协调发展中激活开放活力

城乡区域发展不平衡是广东最明显的省情和最大的短板。近年来,广东构建"一核一带一区"区域发展格局,培育广州、深圳、珠江口西岸、汕潮揭、湛茂等五大都市圈,促进全省协同发展,但不平衡还很明显,粤东西北地区的土地面积约占全省 2/3,而地区生产总值仅占全省的 20% 左右。全体人民共同富裕是中国式现代化的本质特征,区域协调发展是实现共同富裕的必然要求。广东要下功夫解决区域发展不平衡问题,加快推进交通等基础设施的区域互联互通,带动和推进粤东、粤西、粤北地区更好承接珠三角地区的产业有序转移。

城乡区域发展不协调是广东高质量发展的主要短板。要向促进城乡区域协调发展要纵深,把"百千万工程"各项工作抓细抓实抓到位,把粤东粤西粤北地区、广袤乡村大地发展起来,进而挖掘出巨量的建设空间、资源空间、市场空间、承载力空间,推动城乡区域协调发展向着更高水平和更高质量迈进;突出绿美广东引领,高水平谋划推进生态文明建设,努力擦亮广东生态高质量发展底色;突出文化自信自强,抓好文化强省"六大工程"建设,促进物质文明和精神文明协调发展,为奋进新征程提供强大价值引导力、文化凝聚力、精神推动力。

近年来，广东采取扎实有力措施，加快弥补发展短板，既注重发挥各地区比较优势，又着力促进区域、城乡融合发展，广东城乡区域格局发生了巨大变化。推动城乡区域协调发展，形成优势互补新格局。只有坚定不移推动城乡区域协调发展，持之以恒、久久为功，才能最终实现全体人民共同富裕。

创新城乡融合发展体制机制。以城乡融合发展为主要途径，以构建城乡区域协调发展新格局为目标，壮大县域综合实力，全面推进乡村振兴，把县镇村发展的短板转化为广东高质量发展的潜力板。发展新型农村集体经济，因地制宜探索开展农村职业经理人、集体资产租赁制等改革试点，健全新型农业经营主体与小农户的利益联结机制。深入实施乡村建设行动，持续深化农村土地制度改革，激发县镇村发展活力。建立新型帮扶协作机制，创新城乡融合发展体制机制，推进城乡规划"一张图"、城乡建设"一盘棋"，加快实现城乡基本公共服务均等化。增加制度供给，解决城乡发展不平衡难题。深化农村土地制度改革，赋予农民更加充分的财产权益。保障进城落户农民合法土地权益，鼓励依法自愿有偿转让。完善农业支持保护制度，健全农村金融服务体系。坚持农业农村优先发展，全面推进乡村振兴。

深化农村集体产权制度的改革，将农村土地改革与城镇化和乡村振兴结合起来。在新型城镇化推进过程中，有机结合农村土地改革、现代农业产业发展与乡村建设，为推动乡村产业兴旺、促进城乡融合发展、实现乡村振兴战略目标，发挥向心合力作用。首先，对集体建设过程中土地的所有权、使用权、收益分配进行明确规定，能够平衡集体和农户间的关系，保障农民应得利益；其次，要深化承包地的"三权分置"改革，进一步明确农地产权三权的权益内涵、边界及期限；最后，探索建立农村土地股份合作社，完善相应补偿机制。土地股份合作社有利于促进农业的产业化、规模化、集约化生产，促进农民增收。

着力抓好县域经济和县城建设，是"百千万工程"的重点。广东

57个县（市），县域面积占全省的71.7%，县域常住人口占全省的28%，县域地区生产总值仅占全省的12.5%。以扩权强县和强县扩权改革为重点，建立县域高质量发展体制机制，推动城乡区域协调发展。以县域为载体推进区域经济的发展，必须强化核心的功能建设，特别是生产性服务功能。镇作为县域经济内的重要支点，建设的原则在于统分结合。村则在镇功能定位的基础上，借助科技，寻找准确的发展方向，强化特色。深化县镇管理体制改革，增强县域发展自主权。把"百县千镇万村高质量发展工程"作为高质量发展头号工程，坚持以改革开路，向改革要空间要动力，更好地统筹县的优势、镇的特点、村的资源，全面推进强县促镇带村。县域活则全省活、全盘活，解决城乡区域发展不平衡问题，要牢牢抓住县域这个重要发力点。

以协调补齐短板弱项，提高发展的平衡性协调性。欠发达地区振兴还面临诸多挑战，如市场化体制滞后，生产要素流失，基础设施落后。要改变这种面貌，必须重点在改革上做文章，促进珠三角与欠发达地区体制一体化，从而促进全省高质量协调发展。目前，建立一体化体制的条件已具备，因为大网络、大数据、大市场已经基本形成，有利于加快珠三角和欠发达地区体制一体化进程。高质量发展不限于经济领域，而是涵盖经济社会发展的方方面面，必须坚持综合平衡、整体推进，特别是要聚焦短板弱项发力，增强发展的整体效能。对标珠三角营商环境，完善粤东西北地区特别是县镇村层面的要素保障和消费环境。培育壮大汕头、韶关、湛江等区域消费中心城市，满足居民消费升级需求，打造消费新增长极。

广东全面实施以功能区为引领的区域发展新战略，着力促进区域产业融合、协同发展，加快构建主体功能明显、优势互补、高质量发展的区域经济布局。深圳、广州核心引擎功能更加强劲，佛山、东莞迈入万亿元级城市行列，汕头、湛江省域副中心城市加快建设，珠西崛起、两翼齐飞，区域发展特色鲜明、积厚成势，基本形成多点支撑、协调联动的发展新态势，区域发展差距进一步缩小。实现"县县通高速""市市通高铁"后,粤东粤西粤北地区交通区位条件快速改善,在"入珠融湾"中找到了新的发展机遇。突破行政区划束缚,破解区域发展不平衡难题。广东采取很多措施来帮扶欠发达地区的发展,取得很大成效。

(四)在建设海上广东中激发开放活力

习近平总书记高度重视海洋经济和深远海养殖工作。2023 年 4 月,习近平总书记亲临广东视察,听取广东省关于推动海洋渔业高质量发展工作汇报,强调要树立大食物观,既向陆地要食物,也向海洋要食物,耕海牧渔,建设海上牧场、"蓝色粮仓",并作出重要指示,要加强陆海统筹、山海互济,强化港产城整体布局,加强海洋生态保护,全面建设海洋强省。2023 年 6 月召开的广东省委十三届三次全会强调,要全面推进海洋强省建设,在打造海上新广东上取得新突破。

广东,中国的南大门,这里拥有我国最长的大陆海岸线,岛礁、港湾众多。得天独厚的海洋资源,蕴藏着无限的发展潜能。广东坚持向海而兴、向海图强,全面建设海洋强省,打造海上新广东,要优化海洋经济发展格局、加快壮大现代海洋产业、提升海洋生态品质。优化海洋经济发展格局。出台省海岸带及海洋空间规划,完善港航基础设施,加快汕头港、湛江港、揭阳港等疏港铁路建设,推进琼州海峡一体化高质量发展示范区建设。强化港产城整体布局,高标准规划打造环珠江口 100 公里"黄金内湾"。统筹优化全省港口资源、促进协同发展,把 14 个沿海城市的"蓝色动力"充分激发出来。要向建设海上广东要纵深,高起点、高标准推进海洋保护与开发,优化海洋空间功能布局,积极参与全球海洋经济合作,拓展蓝色发展空间。

打造海上新广东,推动海洋经济向纵深发展。强化海上广东与陆上广东协调联动,全面推进海洋强省建设,构建科学高效的海洋经济发展格局,坚持陆海统筹、山海互济,优化海洋开发时序,把大海保护好利用好。做大做强做优海洋牧场、海上能源、临港工业、海洋旅游等现代海洋产业，聚力发展海洋实体经济和战略性新兴产业，深耕保障食品和能源安全的海洋基础性产业。强化涉海基础设施、海洋科技、海洋生态等支撑保障。践行大食物观和海洋强国战略，扎实推进现代化海洋牧场高质量发展建设。以强化陆海统筹、山海互济机制为重点，推动海洋强省建设，打造海上新广东。

立足我省海洋资源禀赋，坚持陆海统筹、山海互济，强化空间规划刚性约束和科学引领，构建科学高效的海洋资源保护与开发格局。始终践行陆海统筹和可持续发展理念，坚持综合治理、系统治理和源头治理。强化海岸线分类分段精细化管控，实施海岸线占补制度，提高岸线投资强度和利用效率。创新用海管理体制机制，探索建立海洋资源低效利用退出机制，开展海域使用立体分层设权试点。建立"河海"保洁长效机制，按照"属地管理、科学清运、妥善处置"的原则，采取源头控制、动态管控、综合治理的方法，全面推进海洋污染防治工作，全面修复海洋生态。优化用海用地用岛保障，建立用海项目联动审批机制，优化审批流程，简化审批程序，缩短审批时间。

加快壮大现代海洋产业。大力发展海洋电子信息、海洋新材料、海洋生物医药等新兴产业，聚力打造海洋清洁能源、海洋船舶与海工装备等千亿级产业集群。以增强优质生态产品供给为抓手，不断巩固旅游主导产业，多渠道实现"绿水青山""碧海蓝天"的综合效益。坚持"疏近用远、生态发展"，耕海牧渔，建设海上牧场、"蓝色粮仓"，大力发展深远海养殖和智慧渔业，推动海洋渔业向信息化、智能化、现代化转型升级。发展深远海养殖，建设现代化海洋牧场，是推动广东海洋经济高质量发展的重要突破口。加强"陆—港—岛—海"联动，探索"飞海"合作模式，大力发展现代化海洋牧场。探索海域立体综合开发，推动"海上风电+海洋牧场+新型储能"融合发展、集约经营。强化金融保险支撑，研究设立产业发展投资基金，引导商业银行金融机构加大信贷支持，多渠道导入"金融活水"，助力现代海洋产业发展。2023年以来，全省各沿海地市立足资源禀赋和产业基础，做大做强做优现代海洋产业，加快推动第一、第二、第三产业融合发展，不断拓展产业增值和增效空间。

提升海洋生态品质，大力推进海洋生态环境治理现代化建设。推进海洋生态保护修复"五大工程"，加强海洋环境监测，强化岸线精细管控和生态修复，深化入海排污口整治、海水养殖尾水治理、港口和船舶污染防治，稳步提升近岸海域水质。高标准建设深圳国际红树林中心，加快建设江门台山、湛江雷州和徐闻、惠州惠东等万亩级红树林示范区，像爱护眼睛一样守护好红树林。强化海岛分类保护利用和滨海湿地恢复，打造魅力沙滩、美丽海湾。以海洋生态环境的高质量保护推动经济高质量发展，加大实现"绿水青山""碧海蓝天"的综合效益。

做大做强做优现代海洋产业，必须稳步提升广东海洋科技创新水平。加快建设国家海洋综合试验场、国家深海科考中心等创新平台，推动大洋极地综合保障基地落户广东，提升海洋科技支撑能力。随着海域空间的管理与开发利用从"平面"走向"立体"，海洋蕴藏的空间潜力也进一步扩大。海洋重大科技基础设施加速建设，高标准推进国家海洋综合试验场（珠海）、南方海洋科学与工程广东省实验室、国家深海科考中心等创新平台建设；海洋科技成果日益丰硕，2022年全省海洋渔业、海洋可再生能源、海洋油气及矿产、海洋药物等领域专利公开数近2万项，为广东海洋经济发展奠定坚实基础。

广东正努力做好全面建设海洋强省这篇大文章，坚持向海而兴、向海图强，积极发展现代海洋牧场和深远海养殖。海洋经济连续28年居全国首位，海洋牧场、海上能源、临港工业、海洋旅游等现代海洋产业加速崛起，涉海基础设施、海洋科技、海洋生态等支撑保障体系进一步筑牢，为全省高质量发展注入源源不断的"蓝色动力"。广东海洋资源禀赋得天独厚，广袤的海洋蕴藏着无限的发展潜能。我们要把握蓝色机遇、培育蓝色引擎，向海洋要动力、要未来，奋力绘就海上新广东的壮美图景。

三、激活创新动力再造发展活力新优势

高质量发展就是建立在创新基础上的发展。"创新是引领发展的第一动力，是建设现代化经济体系的战略支撑。"① 深入学习贯彻习近平总书记视察广东重要讲话、重要指示精神，坚定不移走好高质量发展之路，抓住科技创新这个"牛鼻子"，把创新落到企业上、产业上、发展上，奋力建设一个靠创新进、靠创新强、靠创新胜的现代化的新广东，发展新质生产力才能获得创新动力。

（一）发展新质生产力才能获得创新动力

生产力是一切社会发展的最终决定力量，推进现代化建设最重要的是发展高度发达的生产力。新质生产力是代表新技术、创造新价值、适应新产业、重塑新动能的新型生产力，发展新质生产力是夯实全面建设社会主义现代化国家物质技术基础的重要举措。

从习近平总书记在黑龙江考察调研时第一次提出"新质生产力"，到"新质生产力"正式进入中央文件，这个令人耳目一新的原创性概念，不仅指明了新发展阶段激发新动能的决定力量，更明确了重塑全球竞争新优势的关键着力点。我们要深刻认识新质生产力的概念、内涵、要义，准确把握新质生产力的主阵地、主力军，依托加快形成和发展新质生产力，开辟高质量发展的新领域新赛道，为推进中国式现代化提供持久动能。习近平总书记创造性提出新的生产力理论，强调发展新质生产力是推动高质量发展的内在要求和重要着力点，深刻阐明了发展新质生产力同科技创新和产业创新的关系，谱写了习近平经济思想的新篇章，让我们推动高质量发展有了更加明确的方向和抓手。

---

① 厉以宁等：《中国道路与中国经济发展 70 年》，商务印书馆 2019 年版，第230 页。

新质生产力是习近平总书记基于大国竞争背景下我国发展阶段、发展环境、发展条件变化，作出的具有根本性、全局性、长远性的重大战略判断。在新一代信息技术加速突破应用、先进制造技术加速产业转型的新发展阶段，形成新质生产力既是构建新发展格局、推动高质量发展的必然要求，也是我国建设现代化经济体系的关键动能，关系我国在未来发展和国际竞争中赢得战略主动。新质生产力是当代最先进科技赋能的生产力，是以人工智能技术造就的智能生产力为样态表征的生产力新质态，呈现出主体劳动脑力化、劳动工具智能化、生产要素数字化的鲜明特征。在普遍使用人工智能技术的智能时代，新质生产力导向智能化的生产方式和产业形态，尤其是引领战略性新兴产业提档升级，加速未来产业形成与落地，这些新发展可以不断夯实社会主义初级阶段的基础，为强国梦的实现以及人的自由全面发展不断创造新的条件。

发展新质生产力是推动高质量发展的内在要求和重要着力点，必须继续做好创新这篇大文章，推动新质生产力加快发展。高质量发展需要新的生产力理论来指导，而新质生产力已经在实践中形成并展示出对高质量发展的强劲推动力、支撑力，需要我们从理论上进行总结、概括，用以指导新的发展实践。概括地说，新质生产力是创新起主导作用，摆脱传统经济增长方式、生产力发展路径，具有高科技、高效能、高质量特征，符合新发展理念的先进生产力质态。

发展新质生产力要注重传统生产力和新质生产力之间的辩证关系，新质生产力是对传统生产力的扬弃，二者并不是割裂的关系，新质生产力是对传统生产力的继承、发展和突破。发展新质生产力需要坚持正确的方法论，即坚持一切从实际出发。发展新质生产力不是忽视、放弃传统产业，要防止一哄而上、泡沫化，也不要搞一种模式。各地要坚持从实际出发，先立后破、因地制宜、分类指导，根据本地的资源禀赋、产业基础、科研条件等，有选择地推动新产业、新模式、新动能发展，用新技术改造提升传统产业，积极促进产业高端化、智能化、绿色化。

新质生产力由技术革命性突破、生产要素创新性配置、产业深度转型升级而催生，以劳动者、劳动资料、劳动对象及其优化组合的跃升为基本内涵，以全要素生产率大幅提升为核心标志，特点是创新，关键在质优，本质是先进生产力。要牢牢把握高质量发展这个首要任务，因地制宜发展新质生产力。面对新一轮科技革命和产业变革，我们必须抢抓机遇，加大创新力度，培育壮大新兴产业，超前布局建设未来产业，完善现代化产业体系。

要及时将科技创新成果应用到具体产业和产业链上，改造提升传统产业，培育壮大新兴产业，布局建设未来产业，完善现代化产业体系。要围绕发展新质生产力布局产业链，提升产业链供应链韧性和安全水平，保证产业体系自主可控、安全可靠。要围绕推进新型工业化和加快建设制造强国、质量强国、网络强国、数字中国和农业强国等战略任务，科学布局科技创新、产业创新。要大力发展数字经济，促进数字经济和实体经济深度融合，打造具有国际竞争力的数字产业集群。

生产关系必须与生产力发展要求相适应。发展新质生产力，必须进一步全面深化改革，形成与之相适应的新型生产关系。要深化经济体制、科技体制等改革，着力打通束缚新质生产力发展的堵点卡点，建立高标准市场体系，创新生产要素配置方式，让各类先进优质生产要素向发展新质生产力顺畅流动。同时，要扩大高水平对外开放，为发展新质生产力营造良好国际环境。

要按照发展新质生产力要求，畅通教育、科技、人才的良性循环，完善人才培养、引进、使用、合理流动的工作机制。要根据科技发展新趋势，优化高等学校学科设置、人才培养模式，为发展新质生产力、推动高质量发展培养急需人才。要健全要素参与收入分配机制，激发劳动、知识、技术、管理、资本和数据等生产要素活力，更好体现知识、技术、人才的市场价值，营造鼓励创新、宽容失败的良好氛围。

广东作为经济大省、制造业大省，拥有丰厚的科技创新资源和雄厚的科技创新实力，在依靠产业科技实现高质量发展上肩负重要使命和重大责任。观大局，中国式现代化徐徐展开，夯实物质技术基础责重如山，广东必须靠科技创新、靠产业发展，不断解放和发展生产力，不断创造和积累社会财富。抓机遇，科技浪潮滚滚而来，拥抱新的"科学的春天"时不我待，广东必须挺立在科技浪潮的潮头，担当起该担当的责任，紧盯颠覆性、前沿性技术，抓牢战略性、先导性产业，努力成为主要的创新策源地，赢得战略必争领域的胜利。行大道，新质生产力欣欣向荣，实现产业科技互促双强前景无限，广东必须加快以科技创新驱动生产力向新的质态跃升，用科技改造现有生产力、催生新质生产力。

（二）激发创新动力关键在于科技创新和产业创新

全力以赴抓创新，不断增强高质量发展"硬实力"。"科技创新是提高社会生产力和综合国力的战略支撑，必须摆在国家发展全局的核心位置。"[1] 广东同样需要把科技创新摆在全省发展全局的核心位置，推进产业科技创新、发展新质生产力是广东的战略之举、长远之策，也必将是一场艰苦的竞速赛、耐力赛、接力赛。

加快形成新质生产力，源头在科技创新，落脚点在产业创新，关键因素在创新人才，过程保障在制度创新。加快形成新质生产力就是要以原创性引领性科技创新催生战略性新兴产业和未来产业，形成高质量的现实生产力、先进生产力，促进创新链产业链资金链人才链深度融合，构建现代化产业体系，推动传统产业体系战略性重塑、系统性升级、整体性跃迁，打通从教育强、人才强、科技强到产业强、经济强、广东强的高质量发展通道。

----

① 李旭章主编：《中国特色社会主义政治经济学研究》，人民出版社 2016 年版，第 264 页。

广东要沿着习近平总书记指引的方向加速前进，勇做创新驱动排头兵，向着产业科技高峰全力攀登，加快打造具有全球影响力的产业科技创新中心，不断增强高质量发展"硬实力"。要与企业同奋斗，全力支持企业做创新的主角，始终坚持质量就是生命，效率就是生命，积极运用新技术、新设备、新材料、新工艺，以企业生产技术的整体提升，带动产业转型升级，实现传统产业老树新花，新兴产业竞相发展，未来产业孕育孵化。要用市场育动能，深刻把握产业科技创新的演进逻辑，用好超大规模市场这一独特优势，根据市场需求凝练科研问题，推动更多新技术、新产品在广东市场率先应用推广，加速迭代升级，积极发展科技金融、技术、数据等创新要素市场，营造更好的创新生态，加快形成创新发展的优势、胜势。要向改革要活力，抓紧推进地方科技管理机构改革，积极探索新型举国体制的实施路径，坚持在开放合作中提升科技自立自强能力，持续营造有利于创新的政策和制度环境，切实打通制约产业科技创新的卡点堵点。

要开辟发展新领域新赛道、塑造发展新动能新优势，从根本上说，还是要依靠科技创新。新质生产力是科技创新驱动的生产力，要求在关键核心技术上实现突破。科技创新是新质生产力的核心驱动力，新质生产力主要来源于新科技革命产业变革推动下所产生的经济形态，突出高质量发展新动能，以数字化、智能化、绿色化为主要特征，以知识和技术密集型产业为主要支柱，以智力资源为主要依托。新质生产力的核心是创新，载体是产业。要以科技创新为引领，加快传统产业高端化、智能化、绿色化升级改造，培育壮大战略性新兴产业，积极发展数字经济和现代服务业，加快构建具有智能化、绿色化、融合化特征和符合完整性、先进性、安全性要求的现代化产业体系，以产业升级和战略性新兴产业发展推进生产力跃升。加快形成新质生产力，重在以科技创新为引领，加快培育形成新兴产业。

围绕促进产业和科技互促双强狠抓工作落实，坚定不移推动高质量发展。广东在推动科技和产业互促双强上取得显著成效。广东区域创新综合能力连续 7 年全国第一，"深圳—香港—广州科技集群"连续 4 年获全球创新指数第二名，高新技术企业、入库中小型科技企业数量双双超过 7 万家，企业创新活跃成为广东经济的特色长板。工业是科技创新的主战场，是创新活动最活跃、创新成果最丰富、创新应用最集中、创新溢出效应最强的领域。广东靠制造业起家、发家，新征程上也要靠制造业当家，要始终坚持制造业立省，把制造业这份厚实家当做优做强，建设更具国际竞争力的现代化产业体系。抓大产业，坚持立足当下、谋划长远，既推进传统优势产业改造升级，不断做强做大战略性支柱产业，又加快培育发展战略性新兴产业和前瞻布局未来产业，夯实筑牢产业家底。抓大平台，推动高新区、经开区、产业转移园等平台提级赋能，打造一批高能级产业发展载体。抓大项目，着力构建大招商工作格局，以大项目引进培育带动补链延链升链建链。

要与企业同奋斗，推动创新资源向优质企业集聚，让企业把腰杆子挺起来。企业是实体经济高质量发展的主体，是技术创新的主体，要让企业在产业技术攻关中"唱主角"，发挥企业"出题人""答题人""阅卷人"作用，支持领军企业牵头承担重大科技项目；做好为市场主体服务的"店小二"，实施一批重大改革任务，为所有市场主体提供"如鱼得水"的最佳创新创业环境。企业是创新的主体，强化企业科技创新主体地位，要增强创新型企业引领带动作用，推动高校科研院所创新创业的深度融合，健全科技成果转化的体制机制。抓大企业，健全优质企业梯队培育体系，打造世界一流企业群。抓大环境，全面推动工作力量、政策措施、资源要素向制造业汇聚，营造让国企敢干、民企敢闯、外企敢投的良好环境。科技创新应坚持以企业为主体、市场为导向、产学研用深度融合，一体化推进部署创新链、产业链、人才链，从而提高科技成果转化和产业化水平。只有让科技创新与产业创新相互促进、同频共振，在生产过程的实践中不断优化生产要素，才能实现以新技术培育新产业、新模式、新业态、新动能，引领产业转型升级，进而实现生产力的跃迁。

广东高质量发展要向创新要增量，奋力建设一个靠创新进、靠创新强、靠创新胜的现代化的新广东。科技创新和产业创新的目标就是要加快发展新质生产力，使广东高质量发展新动能更强、新优势更突出。

（三）加快体制机制创新，为激发创新活力提供保障

以创新增强内生动力，强化高质量发展的基础战略支撑。推进高质量发展和现代化建设，教育是基础，科技是关键，人才是根本。广东要坚持系统观念、协同推进，一体建设教育强省、科技创新强省和人才强省，不断夯实高质量发展和现代化建设的根基。着眼提质培优，构建更高质量的基础教育、职业教育、高等教育体系，实现人才培养和创新产出水平"双提升"；着眼引领推动，加快构建"基础研究+技术攻关+成果转化+科技金融+人才支撑"全过程创新生态链，推进创新链产业链资金链人才链深度融合；快速提高科技自立自强水平，打造具有全球影响力的产业科技创新中心。

要加强基础研究，增强原始创新能力。加强基础研究，注重原始创新，优化学科布局和研发布局，面向国家战略需求开展重大科学问题的基础研究，面向行业和企业需求开展关键技术研究，面向经济建设主战场推进学科交叉融合。鼓励跨区域、跨领域的高校、科研院所和企业开展技术创新战略合作，培育一批投资主体多元化、管理制度现代化、运行机制市场化的新型研发机构，加快推进国家重点实验室体系建设，布局创建前沿领域、学科交叉融合领域重大创新平台，全面提升自主创新能力和核心竞争力。

要完善科技创新体制机制，为发展提供坚强保障。健全基础研究创新机制，优化国家重点实验室和科研机构布局，构建高效协同的成果开发和技术转移体系，积极推进军民深度融合的科技协同创新。建立技术创新信息交流平台，完善产学研利益分享机制，鼓励科技型企业、科研机构与高等院校共享创新资源，不断提升科技成果转化率。

促进科技开放合作,支持企业通过合作并购、建立海外研发中心、海外学习、跨国研发合作等方式,利用全球人才资源和科技资源提高自主创新能力。优化研发投入模式,加大科研基金对重点产业领域和科研人员的资助力度,推进科研成果市场化、产业化。

要激发人才创新活力,充分发挥创新支撑作用。结构合理、技术精尖、活力充沛、持续创新的人才队伍是科技强国建设的必要支撑和基本保障。广东要全方位培养、引进、用好人才,造就更多国际一流的科技领军人才和创新团队,培养具有国际竞争力的青年科技人才后备军。完善人才引育制度,培育能够准确把握国际前沿、掌握国际领先技术的科技杰出人才和团队,培育能够带领团队开展重大技术攻关、具有国际竞争力的科技领军人才和团队,培养在理论和实践领域能够实现重大创新突破的青年科技人才和高技能人才。逐步完善科技人才创新激励、收益分配和保障体系等机制,健全以创新能力、质量、实效、贡献为导向的科技人才评价体系。

围绕粤港澳大湾区建设区域发展战略,实施区域人才资源共建共享,促进区域协同创新,构筑集聚优秀科技人才的科研创新高地。针对港澳和国际人才的发展需求,需要体系化地推进人才政策先行先试改革,争取在人才引进、股权激励、技术入股、职称评价、职业资格认可、子女教育、商业医疗保险、入境与停居留便利等方面率先取得突破。此外,还需要建立重点产业急需紧缺战略性人才引进的"绿色通道"与"特色服务",加快战略性人才引进,筑牢战略人才力量。发挥粤港澳大湾区的政策效应,人才政策结合产业发展政策,构建人才创新生态系统。着眼培引并举,加快建设粤港澳大湾区高水平人才高地,全面优化人才发展体制机制,聚天下英才而用之,率先形成高端科创人才聚集效应。

经济靠科技,科技靠人才,人才靠教育,教育、科技、人才的良性循环是形成和发展新质生产力的基础支撑。要深入实施科教兴国战略、人才强国战略、创新驱动发展战略,鼓励人才大胆创新,为科技创新积蓄第一资源。要视人才为珍宝，以人才工作的主动，更好掌握创新的主动、发展的主动。要视人才为珍宝，携手港澳加快建设大湾区高水平人才高地，坚持高标准精准引进和高质量自主培养两手抓，创造更多平台和机会，打通人才价值实现通道，做到真心爱才、悉心育才、倾心引才、精心用才，让广东的人才金字塔"塔基更实、塔身更强、塔尖更高"。

广东在机制体制、科研水平、人才队伍、企业创新等诸多方面有着鲜明的优势和特点，为进一步深化创新发展提供了重要支撑。广东有着毗邻港澳的天然优势，在粤港澳大湾区国际科技创新中心建设的目标指引下，三地可以在区域协同创新、核心技术攻关、产学研用联动等方面展开深入合作。

要深入贯彻以习近平同志为核心的党中央决策部署，认真落实省委"1310"具体部署，紧紧围绕加快发展新质生产力的重要要求，大力推动产业和科技互促双强，加快打造具有全球影响力的产业科技创新中心。要坚持以科技创新引领现代化产业体系建设，加快构建全过程创新链，强化企业创新主体地位，大力推进原创性、颠覆性科技创新，更大力度推动科技成果转移转化应用。要围绕发展新质生产力布局产业链，改造提升传统产业，培育壮大新兴产业，超前布局未来产业，加快建设更具国际竞争力的现代化产业体系。希望广大企业在推动产业科技创新中勇做奋斗者、争当主力军，深度参与我省"百千万工程"、制造业当家、高水平科技自立自强等重点工作；广大科技教育界人士要努力产出更多高水平创新成果，培养更多高层次创新人才。广东将全力营造市场化法治化国际化一流营商环境，为各类经营主体、各类人才发展创造更优越的条件，让各类先进优质生产要素向发展新质生产力顺畅流动，凝聚起推动高质量发展的强大合力。

思考题：

1. 今天的广东如何改革再出发？

2. 结合本职工作谈谈激活"三大动力"需要的条件是什么。

第五章　坚决提供"走在前列" 总目标的政治保证

　　党的二十大报告指出："全面建设社会主义现代化国家，是一项伟大而艰巨的事业，前途光明，任重道远。"① 习近平总书记强调，党的领导直接关系中国式现代化的根本方向、前途命运、最终成败。广东必须坚持以习近平新时代中国特色社会主义思想为指导，全面贯彻落实党的二十大和二十届二中全会精神，深入学习贯彻习近平总书记关于党的自我革命的重要思想，认真贯彻落实习近平总书记视察广东重要讲话、重要指示精神，坚决落实全面从严治党战略方针，贯彻落实二十届中央纪委三次全会和省委十三届三次、四次全会部署，深刻领悟"两个确立"的决定性意义，自觉增强"四个意识"、坚定"四个自信"、做到"两个维护"，坚持稳中求进工作总基调，巩固拓展主题教育和教育整顿成果，忠诚履行党章和宪法赋予的职责，推动健全全面从严治党体系，纵深推进正风肃纪反腐，纵深推进新征程纪检监察工作高质量发展，为广东在推进中国式现代化建设中走在前列提供坚强政治保障。

---

　　① 《高举中国特色社会主义伟大旗帜　为全面建设社会主义现代化国家而团结奋斗——在中国共产党第二十次全国代表大会上的报告》，《人民日报》2022 年 10 月 26 日。

一、把"两个确立""两个维护"贯穿广东现代化建设全过程

（一）深刻领悟"两个确立"的决定性意义

党的十九届六中全会通过的《中共中央关于党的百年奋斗重大成就和历史经验的决议》深刻指出："党确立习近平同志党中央的核心、全党的核心地位，确立习近平新时代中国特色社会主义思想的指导地位，反映了全党全军全国各族人民共同心愿，对新时代党和国家事业发展、对推进中华民族伟大复兴历史进程具有决定性意义。"[①]《中共中央关于加强党的政治建设的意见》指出："坚持和加强党的全面领导，最重要的是坚决维护党中央权威和集中统一领导；坚决维护党中央权威和集中统一领导，最关键的是坚决维护习近平总书记党中央的核心、全党的核心地位。"[②] 我们必须深刻领悟"两个确立"的决定性意义，坚决做到"两个维护"，严明政治纪律和政治规矩，推进政治监督具体化、精准化、常态化，有力推动总书记、党中央决策部署在广东大地全面落实。

"两个确立"是历史和人民的选择。马克思主义政党必须有坚强领导核心和科学理论指导。一个国家、一个政党，领导核心至关重要。确立和维护马克思主义政党的领导核心，始终是马克思主义建党学说的一个基本观点，也是马克思主义政党走向成熟的重要标志。唯物史观在强调人民群众创造历史的决定性作用的同时，也承认和肯定领袖人物作为人民群众的杰出代表，在推动社会变革、历史发展和文明进

[①] 《中共中央关于党的百年奋斗重大成就和历史经验的决议》，《人民日报》2021年11月17日。

[②] 《中共中央关于加强党的政治建设的意见》，《人民日报》2019年2月28日。

步中具有开创性、引领性作用。坚决维护党的核心和党中央权威，是中国共产党百年奋斗的重要历史经验，是中国共产党能够不断取得胜利的政治优势。党的百年奋斗史充分说明，什么时候全党坚定维护党的核心和党中央权威，党的领导就会加强，党的事业就会不断取得胜利；反之，党的领导就会弱化，党的事业就会遭受挫折。我们党始终坚持唯物史观和正确党史观，坚决维护党的核心的历史地位。中国特色社会主义进入新时代，统筹中华民族伟大复兴战略全局和世界百年未有之大变局，在新时代坚持和发展中国特色社会主义，迫切需要能够及时回答时代之问、人民之问，开辟马克思主义中国化时代化新境界，指引全党和全国人民前进方向的领路人；迫切需要能够洞悉时代风云、明辨大是大非、迎战惊涛骇浪，带领全党和全国人民进行伟大斗争的掌舵者；迫切需要能够统筹协调党和国家事业全局、领导新时代中国特色社会主义伟大实践、推进实现"两个一百年"奋斗目标、凝聚全党和全国人民磅礴力量的总指挥。习近平总书记带领党和人民推进新时代中国特色社会主义伟大事业，是勇担时代重任、推动历史性变革的领导核心。习近平新时代中国特色社会主义思想是当代中国马克思主义、二十一世纪马克思主义，是中华文化和中国精神的时代精华，实现了马克思主义中国化的新的飞跃。习近平总书记是习近平新时代中国特色社会主义思想的主要创立者。正是在这样的时代呼唤下，习近平总书记当之无愧地成为党中央的核心、全党的核心，习近平新时代中国特色社会主义思想成为全党全国人民为实现中华民族伟大复兴而奋斗的行动指南。

"两个确立"具有决定性意义。确立习近平同志党中央的核心、全党的核心地位，确立习近平新时代中国特色社会主义思想的指导地位，是时代呼唤、历史选择、民心所向，对新时代党和国家事业发展、对推进中华民族伟大复兴历史进程具有决定性意义。

党和国家事业取得历史性成就、发生历史性变革离不开"两个确立"。在以习近平同志为核心的党中央坚强领导下，在习近平新时代中国特色社会主义思想指引下，党和国家事业取得了历史性成就、发生了历史性变革，为实现中华民族伟大复兴提供了更为完善的制度保证、更为坚实的物质基础、更为主动的精神力量。马克思主义在二十一世纪焕发出强大生机活力离不开"两个确立"。习近平新时代中国特色社会主义思想坚持把马克思主义基本原理同中国具体实际相结合、同中华优秀传统文化相结合，以原创性理论贡献标注了马克思主义发展的新高度。习近平新时代中国特色社会主义思想既坚持马克思主义基本原理，又为马克思主义发展作出了原创性贡献，实现了马克思主义中国化新的飞跃。全面建成社会主义现代化强国的根本保障也离不开"两个确立"。今天，我们比历史上任何时期都更接近、更有信心和能力实现中华民族伟大复兴的目标。同时要清醒认识到，中华民族伟大复兴绝不是轻轻松松、敲锣打鼓就能实现的。当前，世界百年未有之大变局加速演进，外部环境更趋复杂严峻，国内经济社会发展各项任务繁重艰巨，风险挑战前所未有。有以习近平同志为核心的党中央领航掌舵，我们就能在中华民族伟大复兴战略全局和世界百年未有之大变局相互交织、相互激荡中，始终坚持正确方向，保证全党团结统一、行动一致，以更加昂扬的姿态迈进新征程、建功新时代。

　　把"两个确立"融入血脉、付诸行动。拥有富有远见、成熟稳定的领导核心，是时代之幸，国之大幸，是党和国家砥砺前行、走向繁荣的关键，要把"两个确立"真正转化为做到"两个维护"的思想自觉、政治自觉、行动自觉，在新时代新征程上展现新气象新作为。持续深入用习近平新时代中国特色社会主义思想凝心铸魂，把对"两个确立"的坚定拥护转化为"两个维护"的自觉行动。聚焦深入贯彻党的二十大精神和习近平总书记视察广东重要讲话、重要指示精神，聚焦全面落实党中央重大决策部署和省委"1310"具体部署开展监督检查，确保各项任务落地见效。把严明党的政治纪律和政治规矩摆在更加突出位置，及时发现、着力解决"七个有之"问题。集中优势力量强化对"百千万工程"部署落实情况的监督检查，确保"百千万工程" 是经得起检验的 "廉洁工程""民心工程"。

（二）坚决做到 "两个维护"，自觉维护党中央权威和集中统一领导

《中共中央关于加强党的政治建设的意见》指出："坚持和加强党的全面领导，最重要的是坚决维护党中央权威和集中统一领导；坚决维护党中央权威和集中统一领导，最关键的是坚决维护习近平总书记党中央的核心、全党的核心地位。"① 坚决做到 "两个维护"，是党和国家前途命运所系，是全国各族人民根本利益所在，是党的领导的最高准则，任何时候任何情况下都不能含糊、不能动摇。广东省委坚决落实 "两个维护" 十项制度机制，做到党中央提倡的坚决响应，党中央决定的坚决执行，党中央禁止的坚决不做。

坚持维护党中央权威和集中统一领导是党的政治建设的首要任务。 2021 年 2 月 20 日，习近平总书记在党史学习教育动员大会上的讲话中指出："保证全党服从中央，维护党中央权威和集中统一领导，是党的政治建设的首要任务，必须常抓不懈。"② 党的十九届六中全会把 "必须坚持党的全面领导特别是党中央集中统一领导""坚决维护党的核心和党中央权威"③ 作为我们党百年奋斗第一位的历史经验，对保持党和国家事业发展正确方向提供了根本政治保证。在国家治理体系的大棋局中，党中央是坐镇中军帐的 "帅"，车马炮各展其长，一盘棋大局分明。在全党按照民主集中制原则形成的组织体系中，党中央是其 "大脑和中枢"，党中央必须有定于一尊、一锤定音的权威。只有全党各个组织和全体党员自觉服从党中央，向党中央看齐，一切行动听从

---

① 《中共中央关于加强党的政治建设的意见》，《人民日报》2019 年 2 月 28 日。
② 习近平：《在党史学习教育动员大会上的讲话》，《求是》2021 年第 7 期。
③ 《中共中央关于党的百年奋斗重大成就和历史经验的决议》，《人民日报》2021 年 11 月 17 日。

党中央的号令和指挥，坚决维护党中央权威和集中统一领导，才能确保全党组织体系严密、组织功能强大，避免一盘散沙，才能把全党全国人民的思想意志、智慧力量凝聚起来，万众一心、勠力奋斗，朝着第二个百年奋斗目标奋勇前进。

坚决维护习近平总书记党中央的核心、全党的核心地位是众望所归。确立无产阶级政党的领导核心，是马克思主义政党理论的核心要义和基本观点。我们党的百年历史也雄辩证明，党有核心，党的事业就会兴旺发达。中国特色社会主义进入新时代以来，我们比任何时候都更加需要一个具有世界胸怀、全球视野、人类情怀的大国领袖，一个具有高超战略思维、深刻人民情怀、坚定政治意志的坚强领导核心。维护党中央权威和集中统一领导，维护习近平总书记党中央的核心、全党的核心地位，是历史前进的必然结论、伟大实践的反复证明和民族复兴的客观要求，反映了全党全军全国各族人民的共同意志和共同心声。维护党中央权威和集中统一领导，全党统一思想、统一意志、统一行动，对新时代党和国家事业发展、对推进中华民族伟大复兴历史进程具有决定性意义。

（三）自觉在思想上政治上行动上同党中央保持高度一致

习近平总书记强调："对党忠诚，不是抽象的而是具体的，不是有条件的而是无条件的，必须体现到对党的信仰的忠诚上，必须体现到对党的组织的忠诚上，必须体现到对党的理论和路线方针政策的忠诚上。"[①] 自觉维护党中央权威和集中统一领导，必须始终做到对党的核心思想上坚定追随、政治上绝对忠诚、情感上忠诚拥戴、行动上紧紧跟上，把听党指挥、维护核心作为最高政治要求来遵循，自觉在思想上政治上行动上同党中央保持高度一致。

一是思想上高度一致。思想认识强一分，维护权威的自觉就会进

---

① 《习近平谈治国理政》第 2 卷，外文出版社 2017 年版，第 189 页。

一步。新时代我们面临许多新的历史特点和意识形态斗争的复杂形势，如果心无"主心骨"、手没"定盘星"，思想上摇摆，就会在敌对势力颠覆渗透下丧失立场，败下阵来。全党同志必须充分认识到维护核心看齐追随的极端重要性，深刻领悟习近平总书记党中央的核心、全党的核心地位的历史必然性，时刻警醒维护核心看齐追随面临的现实挑战，自觉主动反省检视，提高看齐内在动力，把思想统一到党中央决策上来，凝聚在以习近平同志为核心的党中央周围，真正做到举旗铸魂，切实打牢心中有核心、忠诚于核心的思想基础。

二是理论上学深悟透。"政治上的坚定、党性上的坚定都离不开理论上的坚定。"① 保持理论自觉，是同党中央保持高度一致的前提和基础。全党同志必须把学习贯彻习近平新时代中国特色社会主义思想始终作为一项重大政治任务，深入学、持久学、刻苦学，学内容精髓、学思想方法、学时代眼光，带着问题学、联系实际学、紧跟时代学，学思践悟、学深悟透，更好把科学思想理论转化为认识世界、改造世界的强大物质力量，并且用以武装头脑、指导实践、推动工作、走向未来，不断交出坚持和发展中国特色社会主义的合格答卷。

三是政治上绝对忠诚。习近平总书记指出："对党忠诚，就要增强'四个意识'、坚定'四个自信'、做到'两个维护'，严守党的政治纪律和政治规矩，始终在政治立场、政治方向、政治原则、政治道路上同党中央保持高度一致。这种一致必须是发自内心、坚定不移的，任何时候任何情况下都要站得稳、靠得住。"② 政治上是否站得稳、靠得住，最重要的就是要自觉把对党绝对忠诚、绝对纯洁、绝对可靠铸入思想、融入灵魂、见之于行，切实做到在党为党、在党言党、在党忧党、在党护党，不断增强政治警觉性和政治鉴别力，决不触犯政治纪律和政治规矩的"红线"和"底线"，做到党中央提倡的坚决响应、

---

① 《习近平谈治国理政》第 3 卷，外文出版社 2020 年版，第 518 页。
② 《论坚持党对一切工作的领导》，中央文献出版社 2019 年版，第 160 页。

党中央决定的坚决照办、党中央禁止的坚决不做，把维护党中央权威的要求不折不扣地落到实处。

四是组织上绝对服从。同党中央保持高度一致，在组织层面上强调服从至关重要。习近平总书记强调："每一个党的组织、每一名党员干部，无论处在哪个领域、哪个层级、哪个部门和单位，都要服从党中央集中统一领导，确保党中央令行禁止。"① 党章也明确规定：党员个人服从党的组织，少数服从多数，下级组织服从上级组织，全党各个组织和全体党员服从党的全国代表大会和中央委员会。全体党员必须弄清个人与组织的关系，各级党组织必须摆正与上级党组织、党中央的关系，坚决做到"四个服从"，该请示的请示，该汇报的汇报，绝对服从、绝不含糊，不超越权限办事，不违背组织决定，确保党中央政令畅通、决策落实。

五是行动上紧紧跟随。实践是检验党员干部是否自觉维护党中央权威和集中统一领导的试金石。行动上紧紧跟随，就是要用制度推动全党坚决维护习近平总书记党中央的核心、全党的核心地位，把坚定维护党中央权威和集中统一领导具体落实到党和国家各项工作中去，用中央的决定决议、中央的最新精神、中央的原则要求对照自己的言行，言行一致、表里如一、当好样板、树好标杆，做到真理力量与人格力量相统一，切实增强感召力、威信力和凝聚力，一级带着一级干，一级做给一级看，在全面贯彻中央决策部署前提下，发挥积极性、主动性、创造性，从全局谋划一域，以一域服务全局，使各项工作既为一域争光，又为全局添彩，用实际行动为党和人民的事业尽忠尽职尽责。

---

① 《论坚持党对一切工作的领导》，中央文献出版社 2019 年版，第 184 页。

二、深入推进基层建设，不断严密上下贯通、执行有力的组织体系

习近平总书记强调："严密的组织体系，是马克思主义政党的优势所在、力量所在。"① 新征程上，广东要走在全国前列，必须坚持党的全面领导，深刻认识组织建设是党的建设的重要基础，组织路线是为党的政治路线服务的。中国共产党之所以具有世界任何政党都不具有的强大优势，是因为我们党建立了包括党的中央组织、地方组织、基层组织在内的严密的组织体系。只有党的各级组织都健全、都过硬，形成上下贯通、执行有力的严密组织体系，党的领导才能"如身使臂，如臂使指"。2023 年 9 月 14 日，广东省召开组织工作会议，认真学习贯彻习近平总书记对党的建设工作和组织工作作出的重要指示及全国组织工作会议精神，研究部署当前和今后一个时期广东党建和组织工作。要抓住基层党组织这个基础，实施好"基层党组织建设强基工程"，突出抓好新经济组织、新社会组织、新就业群体党建工作，切实增强党组织政治功能和组织功能，全面加强党员队伍建设，更好组织动员全省干部群众为广东现代化建设团结奋斗。

（一）充分发挥基层党组织战斗堡垒作用和党员先锋模范作用，推进基层治理体系和治理能力现代化

加强党的基层组织这一神经末梢的建设是广东贯彻落实党的全面领导、在推进中国式现代化建设中走在前列的题中之义。党的十八大以来，习近平总书记对党的基层组织建设作出一系列重要论述："党的

---

① 习近平：《贯彻落实新时代党的组织路线　不断把党建设得更加坚强有力》，《求是》2020 年第 15 期。

基层组织是党的肌体的'神经末梢'，要发挥好战斗堡垒作用。落地才能生根，根深才能叶茂。"① "社区是党委和政府联系群众、服务群众的神经末梢，要及时感知社区居民的操心事、烦心事、揪心事，一件一件加以解决。"② "要加强乡村两级基层党组织建设，更好发挥在脱贫攻坚中的战斗堡垒作用，提高党在基层的治理能力和服务群众能力。"③ "要深入整治民生领域的'微腐败'、放纵包庇黑恶势力的'保护伞'、妨碍惠民政策落实的'绊脚石'，增强基层治理效能，促进基层党组织全面过硬。"④ 这些论述指出了党的基层组织作为"神经末梢"的功能定位和重要作用。广东始终坚持大抓基层的鲜明导向，把基层党组织建设作为重要任务来抓，通过深入实施两轮党的基层组织建设三年行动计划，加强基层党组织标准化规范化建设，实施基层党组织"头雁"工程，实施南粤党员先锋工程，加强基础保障等，着力强化农村、城市、企业、机关、学校、公立医院、科研院所、社会组织等领域基层党组织建设，推动全省基层党建工作取得新成效、展现新气象。

基层党组织要成为实现党的领导的战斗堡垒，增强政治功能和组织功能是关键性因素。首先，贯彻党的决策的力量支撑是党的基层组织。我们党是按照民主集中制原则建立起来的，其组织架构主要由党中央、地方党委和基层党组织构成。在这严密的组织体系中，基层党组织是贯彻落实党中央决策部署的"最后一公里"，党的路线方针政策最终要通过基层党组织来落实、完成和检验。习近平总书记强调："党

---

① 《在全国组织工作会议上的讲话》，人民出版社 2018 年版，第 13 页。

② 《坚定改革开放再出发信心和决心　加快提升城市能级和核心竞争力》，《人民日报》2018 年 11 月 8 日。

③ 《统一思想一鼓作气顽强作战越战越勇　着力解决"两不愁三保障"突出问题》，《人民日报》2019 年 4 月 18 日。

④ 《十九大以来重要文献选编（中）》，中央文献出版社 2021 年版，第 385 页。

的工作最坚实的力量支撑在基层。"① 基层党组织如不能发挥战斗堡垒作用，党的领导就会如同"空中楼阁"而功能架空。其次，实现党的领导重在补好基层党组织的"短板"。随着我国经济社会发生巨大变化，与之相适应，基层党组织的组织形态也呈现多样性特征，政治功能和组织功能的实现程度也有所差异。特别是一些新经济组织、新社会组织、新就业群体等领域还存在党建"空白""虚化""弱化"等问题，需要基层党组织通过"补短板"把党员和群众的实践伟力汇聚到中国式现代化建设事业中来。再次，提高党的领导水平需凸显基层党组织的政治属性。基层党建工作长期以来或多或少存在庸俗化或娱乐化现象，基层党组织功能不强，导致党的领导"弱化"，战斗堡垒作用发挥不明显。基层党组织建设要成为有效实现党的领导的战斗堡垒，大力增强政治功能是当务之急。总之，要严密党的组织体系，突出增强党组织政治功能和组织功能，补短板、强效能，推进基层党组织建设。抓好"两新组织"和新就业群体党建工作，切实增强党在新兴领域的号召力、凝聚力、影响力。深入推进抓党建促乡村振兴，学习运用"千万工程"经验，坚持和发展新时代"枫桥经验"，落实"四下基层"，持续为基层减负赋能，着力破解"小马拉大车"问题，提升党建引领基层治理水平。

深入推进抓党建促乡村振兴，全力推动习近平新时代中国特色社会主义思想在广东落地生根、结出硕果。要织密上下贯通、执行有力的组织体系。加强以村党组织为核心的村级组织配套建设，落实其他组织向党组织报告工作制度。加强对"三个一肩挑"村党组织书记的管理监督，深入开展镇村班子届中分析，建立村党组织书记后备人才库。深入实施南粤党员先锋工程，注重从青年农民、致富能手、外出务工经商人员中发展党员，广泛开展党员联系农户、党员户挂牌、承

---

① 《看清形势适应趋势发挥优势　善于运用辩证思维谋划发展》，《人民日报》2015 年 6 月 19 日。

诺践诺等活动，鼓励引导党员带头创办领办农民合作社、家庭农场。推动发展壮大村级集体经济，已选取 4261 个行政村，每村补助 50 万元开展扶持发展壮大集体经济试点工作。要夯实基础保障，推动各级党组织牢牢扛起乡村振兴政治责任。扎实开展抓党建促乡村振兴示范县创建工作，制定市县镇村党组织书记抓乡村振兴责任清单，注重在干部考核考察、任职谈话、工作调研中了解干部工作实效。全面落实基层组织经费保障，保障办公经费、党组织服务群众专项经费，提高村"两委"干部补贴标准。全覆盖建成 1.9 万个村党群服务中心。

党的组织制度建设水平不断提高。近年来，以新时代党的组织路线为准绳，党的组织工作和组织建设进入规范发展阶段。特别是党的十九届四中全会对党的组织建设提出了更高的要求。一方面，党中央通过对党内法规中与新时代组织路线不相适应的制度进行清理，修正了一系列组织建设的规章制度，为党的组织建设提供了制度保障和更加可靠的遵循。另一方面，党中央将组织制度纳入国家制度和治理体系当中，在维护党的集中统一、坚持和完善党的领导制度体系中起到关键作用。2020 年 6 月，为"全面贯彻落实新时代党的组织路线"，把党建设得更加坚强有力，习近平总书记提出了"五个抓好"的工作部署，详细阐述了组织路线的根本、核心、基础、关键、保障各要素间的相互联系和促进。[①] 2020 年 10 月，党的十九届五中全会上再次强调，将"全面贯彻新时代党的组织路线"作为第十四个五年规划和二〇三五年远景目标顺利实现的重要保障。[②] 2023 年 6 月，习近平总书记对党的建设和组织工作作出重要指示并强调，实现党在新时代新征程的使命任务，党的建设和组织工作要有新担当新作为，要"深刻领会党中央关于党的建设的重要思想，深入落实新时代党的建设总要

---

① 习近平：《贯彻落实新时代党的组织路线　不断把党建设得更加坚强有力》，《求是》2020 年第 15 期。

② 《中共中央关于制定国民经济和社会发展第十四个五年规划和二〇三五年远景目标的建议》，《人民日报》2020 年 11 月 4 日。

求和新时代党的组织路线"①。

（二）广东要在推进中国式现代化建设中走在前列，需加强党的组织系统性建设和全局性谋划

无论是党中央、各级党委还是党的基层组织，党的组织体系建设都是一项系统性工程，要坚持局部和系统的相互统一，确保党员干部在组织体系中各司其职、各负其责。2015 年 12 月 25 日，新修订的《中国共产党地方委员会工作条例》正式施行，突出地方党委全面从严治党的政治责任，健全了地方党委发挥领导核心作用的制度基础，确保地方党委在本地区对各个领域的政治、思想、组织的领导，协调、安排好组织之间的关系和工作任务。② 2017 年 4 月 12 日，中共中央印发了《中国共产党工作机关条例（试行）》，对党的工作机关的设立、领导机构和决策形式、工作规则等作出了系统规定，是加强党的组织制度建设的又一重要成果。③ 2021 年 5 月 22 日，党中央印发《中国共产党组织工作条例》，成为我们党历史上第一部关于组织工作的统领性、综合性基础主干法规，是做好新时代党的组织工作、加强党的组织建设的基本遵循，分别对党的中央组织、地方组织、基层组织和党组等各级各类组织提出有针对性的要求。④ 对推进组织工作科学化制度化规范化、全面提高组织工作质量，具有重大意义，突出组织的系统性和全局性建设要求。

新时代加强党的组织体系建设的实践路径。在部署党的组织体系建设时，习近平总书记分别用"最初一公里""中间段"和"最后一

---

① 《深刻领会党中央关于党的建设的重要思想　不断提高组织工作质量》，《人民日报》2023 年 6 月 30 日。

② 《中国共产党地方委员会工作条例》，《人民日报》2016 年 1 月 5 日。

③ 《中共中央印发〈中国共产党工作机关条例（试行）〉》，《人民日报》2017 年 4 月 13 日。

④ 《中国共产党组织工作条例》，《人民日报》2021 年 6 月 3 日。

公里"来形容中央、地方和基层党组织在贯彻落实党中央决策部署方面的地位和作用。在中央层面，确保党中央的最高权威和统帅地位，党的组织体系才能严密、才有力量。2019 年，中共中央出台《关于加强和改进中央和国家机关党的建设的意见》，召开党的历史上第一次中央和国家机关党的建设工作会议，强调中央和国家机关在守纪律讲规矩、履行管党治党政治责任等方面立标杆、作表率的作用。抓好新时代党的建设体系建设，首先要在"最初一公里"及时发现并消除一切阻碍党中央决策部署贯彻落实的"拦路虎"，突破一切阻碍党中央决策部署贯彻落实的不利因素和体制机制障碍。这就要求中央和国家机关树立和强化政治机关意识，带头做到"两个维护"，成为坚持"两个维护"的第一方阵，用其实际效果检验党中央和国家机关建设成效，确保全党向党中央看齐，一以贯之地维护党中央定于一尊、一锤定音的权威。在地方层面，党的地方组织在党的组织体系中处于"中间段"，是连接和疏通党的中央组织和基层组织的桥梁纽带，在贯彻党中央决策部署和国家治理体系中具有上传下达的关键作用，在推动地方改革发展稳定和实现党的奋斗目标上负有重大责任。跑好"中间段"，必须破除"中梗阻"，这就要求地方组织严格遵从《中国共产党地方委员会工作条例》，成为"坚决听从党中央指挥、管理严格、监督有力、班子团结、风气纯正的坚强组织"①。要把维护中央权威与领导地方发展结合起来。一方面，地方党委要坚决贯彻党中央决策部署和上级党组织决定，切实发挥在领导、组织和实施党的路线、方针和政策上的执行力，发挥党的地方组织在汇集地方民意并向上反馈方面的领导力，做好自下而上的信息和能量传输。另一方面，要结合本地区实际创造性开展工作，推动地方发展，严格落实属地管理、分级负责和谁主管谁负责的原则，坚持上下联动、层层落实的责任链条。突出和强化党的组织在同级组织、本地区本部门的领导地位和领导作用，确

① 《中国共产党组织工作条例》，《人民日报》2021 年 6 月 3 日。

保党的领导全面覆盖、坚强有力。在基层层面，党的基层组织是党的战斗堡垒，是党联系群众、服务群众的桥梁和纽带。跑赢"最后一公里"，必须激活党的肌体的"神经末梢"。要在全党弘扬"支部建在连上"的光荣传统，坚持大抓基层的鲜明导向，推动全党形成大抓基层的良好局面。要优化基层党组织的组织设置，加大组织覆盖，适应新变化和新要求，扩大党在新兴领域的号召力和凝聚力。扩大工作覆盖，贯彻落实"网络发展到哪里党的工作就覆盖到哪里"的要求，努力扩展基层党建工作的范围，着力打破基层党建的时空限制，丰富党组织间的交流手段。要健全基层党组织的功能。针对基层工作中出现的新情况、新矛盾、新问题以及基层党组织功能不健全的问题，不断完善基层组织功能，推动治理重心下移，把为群众服务的人财物资源下沉到基层党组织，把党的领导的制度优势转化为基层治理效能。要突出基层党组织的政治引领功能。党的基层组织要将维护党中央权威和集中统一领导作为首要任务，把讲政治的要求贯穿于基层党建工作全过程、各方面。

站在新时代、新起点上走好强国之路、富民之路，仍然必须坚持和完善党的领导，而党的领导要靠严密的组织体系去实现。严密的组织体系是中国共产党过去能够成功的组织密码，也是中国共产党未来继续成功的组织保障。党的十九届六中全会提出："党不断健全组织体系，以提升组织力为重点，增强党组织政治功能和组织功能，树立大抓基层的鲜明导向，推动党的组织和党的工作全覆盖。"① 完善党的组织体系必须坚持系统思维，将党组织贯通各个层级，覆盖各个领域和各条战线，不断进行自我革命，整顿党的组织，在中央层面清除"拦路虎"，在地方层面破除"中梗阻"，在基层层面打通"断头路"，从而保证党组织肌体健康、充满活力。

---

① 《中共中央关于党的百年奋斗重大成就和历史经验的决议》，《人民日报》2021年11月17日。

（三）解决大党独有难题，提升党的组织体系建设整体效能

解决大党独有难题，不是一朝一夕的事情，而是一项长期性、持续性工程。它是一项整体性、系统性的工程，不是单兵作战就可以完成的，而是必须通过党的组织体系的统筹设计、改革和整体提质，才能应对这种具有复杂性、长期性、系统性特点的自我治理的挑战。要强化组织体系内的使命引领和目标导向，明确党的初心使命在新时代新征程的具体要求；要保证组织体系内的上下贯通和传递顺畅，贯彻落实民主集中制的组织原则，体现党内的思想统一、意志统一乃至行动统一，将党中央制定的路线方针真正在基层落实；要引导组织体系内的横向协同和资源整合，以强大的执政能力和领导水平调动更为丰富的执政资源和领导资源，进而提高组织优势向党的领导优势转化的质量；要完善组织体系内的正向激励机制，适应国内外复杂形势挑战，解决好"如何始终能够及时发现和解决自身存在的问题"[1]，进一步完善自我净化、自我完善、自我革新、自我提高的激励机制；要建设健康向上的选用风气和党内文化，在潜移默化中营造良好的党内政治生态。

习近平总书记指出："解决大党独有难题是一个长期而艰巨的过程，既需要常抓不懈，又需要集中发力。"[2] 大力提高党的组织工作的质量，全面提升党的组织体系建设整体效能，是新时代新征程中国共产党解决大党独有难题需要集中发力的焦点。组织效能的高低直接关系各级党组织能否在党治国理政过程中发挥作用实效，提升党的组织

---

[1] 《一刻不停推进全面从严治党　保障党的二十大决策部署贯彻落实》，《人民日报》2023 年 1 月 10 日。

[2] 习近平：《在学习贯彻习近平新时代中国特色社会主义思想主题教育工作会议上的讲话》，《求是》2023 年第 9 期。

体系的整体效能关键在于适应党的事业发展和党的建设新要求，补齐组织体系建设短板，形成系统高效的组织目标体系、选用评价体系、教育培训体系和协调运行体系，从全过程、多方面保证党的组织体系建设的整体效能，进而使中国共产党能够在很大规模的情况下持续焕发生机活力。

一是强化政治引领和组织指导，形成方向正确、整体贯通的组织目标体系。必须实现党的组织体系预定目标的一致性。要强化党的政治建设的统领作用，全面提升各级领导班子"政治三力"，确保各级党组织制定的目标任务与党的使命任务方向一致。要加强自上而下的组织指导，确保党的使命任务逐层具体化为各级领导班子的目标任务，实现组织目标上下贯通。要着眼于让组织体系为新时代新征程党和国家事业发展服务，确保党员干部在实现个体目标的同时完成组织目标。要根据外部环境的变化来动态调整组织目标体系，实现组织目标体系的效能最大化。二是培育积极文化和健康生态，形成价值一致、激励有效的选用评价体系。用好中国共产党内选人用人机制，发挥指挥棒作用。坚持政治标准，坚持事业为上，培育以组织价值观为核心的积极向上的党内文化和党内生态。三是推进理念革新和质效提升，形成与时俱进、全面赋能的教育培训体系。新时代新征程中国共产党要提升组织体系建设的整体效能，必须高质量建设学习型政党，全面赋能党员干部。四是加强组织协同和情感认同，形成沟通顺畅、联系紧密的协调运行体系。依靠党的组织体系上下贯通、传递顺畅和资源整合、协同发展，有战斗力抵御各种风险考验，形成整合高效、管控科学的组织运行体系。

三、深入推进选贤任能，着力打造堪当重任的高素质人才队伍

党的二十大报告指出："全面建设社会主义现代化国家，必须有一

支政治过硬、适应新时代要求、具备领导现代化建设能力的干部队伍。"① 党的干部是党和国家事业的中坚力量，将党的方针政策贯彻落实到实处离不开一支高素质干部队伍，基于此，我们党历来重视干部队伍建设。我们党之所以能够始终保持强大的创造力、凝聚力、战斗力，成为革命、建设、改革事业发展的中流砥柱，团结带领人民战胜各种艰难险阻，取得一个又一个胜利，一个十分重要的原因就在于高度重视培养造就能够担当重任的干部队伍。习近平总书记指出："新时代新征程，我们党要团结带领人民开创事业发展新局面，就必须培养造就堪当民族复兴重任的高素质干部队伍。"② 广东要抓住干部这个决定因素，选优配强各级领导班子，持续加强干部队伍能力建设，进一步树立重担当、重实干、重实绩的鲜明导向，引导广大干部树牢正确政绩观、振奋干现代化的精气神，担当作为、真抓实干，更好把各项工作抓落地、抓到位、抓见效，打造支撑广东现代化建设的干部队伍。全面加强党员干部特别是领导干部队伍建设，从严管好用好领导干部，建设一支高质量的干部队伍，不断把党建设得更加坚强有力，确保党始终成为中国特色社会主义事业的坚强领导核心。

（一）把我们党建设好必须抓住"关键少数"

习近平总书记指出，"要把我们党建设好，必须抓住'关键少数'"③，"以'关键少数'示范带动'绝大多数'"④。抓住"关键少数"，就是要督促领导干部特别是高级领导干部坚持"三严三实"，以

---

① 《高举中国特色社会主义伟大旗帜　为全面建设社会主义现代化国家而团结奋斗——在中国共产党第二十次全国代表大会上的报告》，《人民日报》2022年10月26日。

② 习近平：《在中央党校建校90周年庆祝大会暨2023年春季学期开学典礼上的讲话》，《求是》2023年第7期。

③ 习近平：《推进党的建设新的伟大工程要一以贯之》，《求是》2019年第19期。

④ 习近平：《在"不忘初心、牢记使命"主题教育总结大会上的讲话》，《求是》2020年第13期。

尊崇党章为首要，以身作则、以上率下，严明纪律、严格要求，真正担当和落实好主体责任，做到信念过硬、政治过硬、责任过硬、能力过硬、作风过硬。

抓住"关键少数"是把我们党建设好的关键。党的十九届六中全会通过的《中共中央关于党的百年奋斗重大成就和历史经验的决议》（以下简称《决议》）强调："党以永远在路上的清醒和坚定，坚持严的主基调，突出抓住'关键少数'，落实主体责任和监督责任，强化监督执纪问责，把全面从严治党贯穿于党的建设各方面。"[1] 领导干部是党和国家事业发展的"关键少数"，权力集中、责任重大、岗位关键，是管党治党的组织者、推动者和实践者，对全党全社会具有风向标作用。习近平总书记进一步强调："不忘初心、牢记使命，领导机关和领导干部必须做表率、打头阵。"[2] 这就强烈要求各级领导干部必须用高度的政治责任和政治担当，贯彻落实好党中央的一系列战略决策和部署，带头冲在前、干在先；同时，领导干部职位越高，岗位越重要，就越要坦诚接受监督。这也内在地要求必须把领导干部作为强化党内监督的重点对象和依法治权、依法治官的重中之重，加强对权力运行的日常制约和监督，形成群众监督机制，建立落实主体责任制度，切实把权力关进法律和制度的笼子里，推动领导干部谨慎用权，主动积极作为，带动党员干部把为民利民的好事办好、实事办实、难事办妥、真抓实干。

"一把手"是关键中的关键。火车跑得快，全靠车头带。在我国党的领导体制和国家治理格局中，"一把手"是关键。作为地方、部门、单位的"火车头""领头雁"，"一把手"负有总揽全局、协调上下和领导一方、带动一方的重要责任，对推动班子切实贯彻落实中央精神至关重要。这就要求"一把手"必须始终把党的建设当成主业，做党

---

① 《中共中央关于党的百年奋斗重大成就和历史经验的决议》，《人民日报》2021年11月17日。

② 《习近平谈治国理政》第3卷，外文出版社2020年版，第544页。

风政风建设的引领者，做不折不扣全面贯彻执行党中央重大决策部署、维护核心的带动者，做带头增进和维护班子团结的掌舵者，做付诸实践、见于行动、敢于担当的示范者。要认真履行管党治党第一责任人的责任，对党和人民高度负责，对本地区本单位的政治生态负责，对干部的健康成长负责，真正带领班子洞察发展大势，在落实中央精神中维护群众利益。也要谨防"一把手"变成"一霸手"，决不能内心逐渐膨胀，逐渐把一地一域当成自己的"专属领地"，搞大权独揽、说一不二、"顺我者昌逆我者亡"那一套。这就需要"一把手"本人敬畏纪律与规矩，时刻牢记自己人民公仆的身份，真正发挥"一把手"的关键作用，做到以上率下、风清气正。

领导干部要做"三严三实"的表率。正人先正己，严下先严上。党的十八大以来，习近平总书记多次强调，各级领导干部要做到严以修身、严以用权、严以律己，谋事要实、创业要实、做人要实。他明确强调："践行'三严三实'，要立根固本，挺起精神脊梁；要落细落小，注重细节小事；要修枝剪叶，自觉改造提高；要从谏如流，自觉接受监督。我们共产党人的根本，就是对马克思主义的信仰，对共产主义和社会主义的信念，对党和人民的忠诚。立根固本，就是要坚定这份信仰、坚定这份信念、坚定这份忠诚，只有在立根固本上下足了功夫，才会有强大的免疫力和抵抗力。"① "三严三实"立意高远、思想深邃，具有很强的针对性和指导性，阐明了领导干部修身、用权、律己，谋事、创业、做人的核心要义。各级领导干部都要增强践行"三严三实"的思想自觉和行动自觉，把"三严三实"贯穿到全部工作生活中，养成一种习惯，化为一种境界，以真理和人格的力量感召引领群众，切实做"三严三实"的表率，形成一级带一级、一级促一级的示范效应，教育引导其他班子成员和广大干部争做"三严三实"

---

① 《时时铭记事事坚持处处上心　以严和实的精神做好各项工作》，《人民日报》2015 年 9 月 13 日。

的好干部。

（二）建设高素质专业化干部队伍

"政治路线确定之后，干部就是决定的因素。"① 在党的二十大报告中，习近平总书记提出要"坚持党管干部原则，坚持德才兼备、以德为先、五湖四海、任人唯贤，把新时代好干部标准落到实处"，"建设堪当民族复兴重任的高素质干部队伍"②。我们党历来高度重视选贤任能，始终把选人用人作为关系党和人民事业的根本性、关键性问题来抓，目的就是要建设一支高素质专业化干部队伍，这是事关党和国家事业发展全局的大事要事。

一是坚持好干部标准。2013 年 6 月 28 日，习近平总书记在全国组织工作会议上正式概括了好干部 20 字标准，即"信念坚定、为民服务、勤政务实、敢于担当、清正廉洁"③，并突出强调了理想信念和敢于担当的时代要求，为选人用人和干部队伍建设树立了时代标杆。2018 年 11 月 26 日，习近平总书记在十九届中共中央政治局第十次集体学习时的讲话中指出："必须全面贯彻新时代党的组织路线，严把德才标准，坚持公正用人，拓宽用人视野，激励干部积极性，努力造就一支忠诚干净担当的高素质干部队伍。"④ 在 2022 年春季学期中央党校（国家行政学院）中青年干部培训班开班式上，习近平总书记发表重要讲话，强调"年轻干部是党和国家事业发展的希望，必须筑牢理想信念根基，守住拒腐防变防线，树立和践行正确政绩观，练就过硬本领，发扬担当和斗争精神，贯彻党的群众路线，锤炼对党忠诚的政治品格，

---

① 《毛泽东选集》第 2 卷，人民出版社 1991 年版，第 526 页。

② 《高举中国特色社会主义伟大旗帜　为全面建设社会主义现代化国家而团结奋斗——在中国共产党第二十次全国代表大会上的报告》，《人民日报》2022 年 10 月 26 日。

③ 《习近平谈治国理政》第 1 卷，外文出版社 2018 年版，第 412 页。

④ 《严把标准公正用人拓宽视野激励干部　造就忠诚干净担当的高素质干部队伍》，《人民日报》2018 年 11 月 27 日。

树立不负人民的家国情怀，追求高尚纯粹的思想境界，为党和人民事业拼搏奉献，在新时代新征程上留下无悔的奋斗足迹"①。这些对干部尤其是年轻干部提出的要求和标准，进一步丰富和发展了好干部标准新的时代内涵，是衡量干部优秀与否的重要标志，为新时代干部指明了立身之本的实践准则和奋斗方向，也为干部选拔任用工作和干部队伍建设提供了科学遵循和基本原则。

二是坚持正确选人用人导向。选人用人公不公、好不好、准不准，具有十分重要的导向作用。正因如此，习近平总书记反复强调要"坚持正确选人用人导向，匡正选人用人风气，突出政治标准"②。他特别强调："新时代党的组织路线提出坚持德才兼备、以德为先、任人唯贤的方针，就是强调选干部、用人才既要重品德，也不能忽视才干。有才无德会坏事，有德无才会误事，有德有才方能干成事"，"培养选拔年轻干部要优中选优、讲求质量，不能拔苗助长，更不能降格以求。好干部是选拔出来的，也是培育和管理出来的"③。按照习近平总书记的要求与党和国家事业发展的需要，我们要坚持五湖四海、任人唯贤，注重基层、注重实干、注重公认的导向，健全科学有效的选人用人机制，确保让那些政治素质好、工作能力强、实绩突出、群众认可的优秀基层干部和那些想干事、能干事、敢担当、善作为的干部得到及时大胆的使用、重用；通过加强思想淬炼、政治历练、实践锻炼、专业训练，推动广大干部严格按照制度履行职责、行使权力、开展工作，做思想上的坚定人、政治上的明白人、发展上的开路人、作风上的正派人。

三是坚持党管干部原则。坚持党管干部原则，就是要强化在干部

---

① 习近平：《筑牢理想信念根基　树立践行正确政绩观　在新时代新征程上留下无悔的奋斗足迹》，《人民日报》2022年3月2日。

② 《习近平谈治国理政》第3卷，外文出版社2020年版，第50页。

③ 习近平：《贯彻落实新时代党的组织路线　不断把党建设得更加坚强有力》，《求是》2020年第15期。

工作中党组织的领导和把关作用。我们要充分认识到用人权是最大的执政权之一，党管干部原则是体现党的执政地位、巩固党的执政基础的重要保证，这样的核心权力绝对不能旁落他人，这也是中国特色社会主义的"特色"之一。习近平总书记指出："我们党之所以坚强有力，党管干部原则是很重要的原因，要自觉坚持党管干部原则。"① 党管干部作为干部工作的一项根本原则，是党的组织领导的重要体现，也是党的全面领导的重要保证。坚持党管干部原则，就是要凸显党组织在干部选任中的主体地位和主导作用，保证党对干部工作的领导权和对重要干部的管理权；就是要求干部工作的路线方针政策必须由党制定，干部的管理、决定任免或推荐、提名，必须由各级党组织按照干部管理权限负责，选拔任用干部，必须经党组织集中讨论，按照民主集中制原则作出决定；就是要把从严管理干部贯彻落实到干部队伍建设全过程，始终把群众利益放在首位，确保选用的干部只有得到群众公认和接受，才能真正成为群众实践的组织者和领导者。可以说，坚持党管干部原则，才能真正将党的全面领导落到实处。

（三）必须抓好后继有人这个根本大计

《决议》指出："党和人民事业发展需要一代代中国共产党人接续奋斗，必须抓好后继有人这个根本大计。"② 党的二十大进一步强调要"抓好后继有人这个根本大计，健全培养选拔优秀年轻干部常态化工作机制，把到基层和艰苦地区锻炼成长作为年轻干部培养的重要途径"③。这是我们党站在党和国家事业发展百年大计的战略高度，对干部队伍建设所提出的政治远见和长远要求，把党员人才、队伍干部纳

---

① 《习近平谈治国理政》（第二卷），外文出版社 2017 年版，第 190 页。

② 《中共中央关于党的百年奋斗重大成就和历史经验的决议》，《人民日报》2021 年 11 月 17 日。

③ 《高举中国特色社会主义伟大旗帜 为全面建设社会主义现代化国家而团结奋斗——在中国共产党第二十次全国代表大会上的报告》，《人民日报》2022 年 10 月 26 日。

入后继有人的范畴，明确了培养造就可堪大用能担大任的栋梁之才的关键点和着力点，从而为向第二个百年奋斗目标进军提供组织准备和干部保证。

必须源源不断培养选拔高素质专业化优秀年轻干部。发现培养选拔优秀年轻干部，是确保党和人民事业与国家长治久安后继有人的战略之举和重大任务。习近平总书记指出："优秀年轻干部既要数量充足，又要质量优良。"① 这就要求必须确保年轻干部在"一批又一批"上数量充足，在"高素质专业化"上质量优良。落实《决议》的要求，建设一支德才兼备、忠诚干净担当的高素质专业化优秀年轻干部队伍，有几个非常重要的方面必须抓好、抓紧、抓牢：一要突出政治标准，确保他们对党忠诚，坚定捍卫"两个确立"，坚决做到"两个维护"；二要加强实践锻炼，让他们夯实蹲苗、摸爬滚打，不断经受吃劲岗位、重要岗位磨砺锤炼，使年轻干部经历更丰富、视野更广阔、能力更扎实；三要拓宽来源渠道，要放眼各条战线、各个领域、各个行业，注重培养有专业背景的复合型领导干部，健全完善年轻干部培育、选拔、管理、使用环环相扣又统筹推进的全链条机制，形成优秀年轻干部不断涌现的生动局面；四要优中选优大胆使用，强化担当作为的正向激励，用当其时、用其所长；五要从严动态管理监督，抓早抓小、防微杜渐、经常提醒教育，引导年轻干部强化自我修炼、自我约束、自我改造，努力做到一心为公、一身正气、一尘不染。

必须源源不断把各方面先进分子特别是优秀青年吸收到党内来。《决议》强调："要源源不断把各方面先进分子特别是优秀青年吸收到党内来，教育引导青年党员永远以党的旗帜为旗帜、以党的方向为方向、以党的意志为意志，赓续党的红色血脉，弘扬党的优良传统，在

---

① 《切实贯彻落实新时代党的组织路线　全党努力把党建设得更加坚强有力》，《人民日报》2018年7月5日。

斗争中经风雨、见世面、壮筋骨、长才干。"① 这些要求具有很强的现实针对性，抓住了党员队伍建设的要害和关键，这就要求我们必须做好这样几个方面的工作：一要高标准高质量抓好党员发展工作，加大对产业工人、青年农民、高层次人才、大学生等新产业、新业态就业群体和基层一线、薄弱领域等重点人群的党员的发展工作，严格落实政治审查制度，成熟一个发展一个，切实保障党员发展工作的严肃性、规范性；二要结合新形势、新特征、新课题、新需求，从严从实抓好党员教育管理，突出抓好党的创新理论学习和党性教育学习载体，发挥好党内政治生活熔炉作用，引导广大党员坚定理想信念、树牢为民宗旨，解决好思想入党根本问题；三要组织引导党员发挥先锋模范作用，引导党员立足本职、创先创优，走在前列、干在实处，做到平常时候看得出、关键时刻站得出、危急关头豁得出。

必须源源不断培养造就爱国奉献、勇于创新的优秀人才。《决议》强调："要源源不断培养造就爱国奉献、勇于创新的优秀人才，真心爱才、悉心育才、精心用才，把各方面优秀人才聚集到党和人民的伟大奋斗中来。"② 这是真正落实党管人才和实施人才强国战略的基本要求，需要我们统筹谋划、全面推进。2024 年广东省高质量发展大会表达了推进产业科技创新、发展新质生产力的发展决心，把人才视为推进产业科技创新的决定性因素，提出要携手港澳加快建设大湾区高水平人才高地、吸聚全球高层次创新型人才，以人才工作的主动，更好掌握创新的主动、发展的主动。视人才为珍宝，关键是要让人才有用武之地，让珍宝绽放光彩。既要创造更多的平台和机会，更要打通人才价值实现的通道，让各类人才在研究探索创新时拥有足够舞台，在成果转移转化中获得应有收益。

---

① 《中共中央关于党的百年奋斗重大成就和历史经验的决议》，《人民日报》2021年 11 月 17 日。

② 《中共中央关于党的百年奋斗重大成就和历史经验的决议》，《人民日报》2021年 11 月 17 日。

四、深入推进正风肃纪反腐，不断巩固风清气正政治生态

我们党历来重视反腐败斗争和反腐倡廉建设。营造风清气正的政治生态，是铲除腐败问题产生的土壤和条件，推动防范和治理腐败问题常态化、长效化的迫切需要。党的二十大强调："只要存在腐败问题产生的土壤和条件，反腐败斗争就一刻不能停，必须永远吹冲锋号。"① 在二十届中央纪委三次全会上，习近平总书记再次强调，"要持之以恒净化政治生态"②，充分体现了我们党在新形势新任务下解决大党独有难题、深入推进自我革命的高度自觉，深刻指明了铲除腐败问题产生的土壤和条件、坚决打赢反腐败斗争攻坚战持久战的路径方法。广东省各级党组织和纪检监察机关必须深入学习贯彻习近平总书记关于党的自我革命的重要思想，并自觉落实到全面从严治党全过程各方面，以高质量的纪检监察工作保障广东高质量发展、现代化建设。要深刻把握推进党的自我革命，是解决大党独有难题、永葆党的先进性纯洁性的内在要求，是完成强国建设、民族复兴历史伟业的使命使然，是应对百年变局、掌握历史主动的战略需要；要深刻把握马克思主义理论特别是马克思主义建党学说赋予我们党自我革命的天然基因，党的性质宗旨、初心使命是我们党能够推进自我革命的底气所在，中华优秀传统文化为党的自我革命提供了深厚的精神血脉；要深刻把握"九个以"的实践要求，坚持党中央集中统一领导，确保自我革命的正确方向，一刻不停推进反腐败斗争，确保自我革命的彻底性，健全全

---

① 《高举中国特色社会主义伟大旗帜　为全面建设社会主义现代化国家而团结奋斗——在中国共产党第二十次全国代表大会上的报告》，《人民日报》2022 年 10 月 26 日。

② 《深入推进党的自我革命　坚决打赢反腐败斗争攻坚战持久战》，《人民日报》2024 年 1 月 9 日。

面从严治党体系，确保自我革命的系统性，推动自我监督和人民监督相结合，确保自我革命的有效性。

（一）反腐败斗争是最彻底的自我革命

党的二十大报告指出："腐败是危害党的生命力和战斗力的最大毒瘤，反腐败是最彻底的自我革命。"① 党的自我革命的内容十分丰富，形式多种多样，"反腐败是最彻底的自我革命"的论断是我们党有关反腐败与党的自我革命之间关系的一个重要的创新理论观点，这是针对腐败是危害党的生命力和战斗力的最大毒瘤而言的，更是针对腐败是最容易颠覆国家政权的问题而言的。② 围绕习近平总书记赋予广东的新的使命任务，按照省委"1310"具体部署，以严的基调、严的措施、严的氛围坚定不移推进全面从严治党，举旗铸魂坚定有力，政治监督深入推进，惩治腐败紧抓不放，正风肃纪扎实有效，治理效能稳步提升。

腐败是我们党面临的最大威胁。马克思主义认为，腐败同马克思主义政党性质宗旨根本对立，水火不容，防止和反对腐败，是保持和发展马克思主义政党先进性纯洁性的必然要求，是党永远立于不败之地的根本保证。习近平总书记在十八届中共中央政治局第一次集体学习时就明确指出："反对腐败、建设廉洁政治，保持党的肌体健康，始终是我们党一贯坚持的鲜明政治立场。党风廉政建设，是广大干部群众始终关注的重大政治问题。"③ 腐败之所以是我们党面临的最大威胁，就是因为它会瓦解党执政的群众基础，削弱党的战斗力，严重破坏党在人民群众中的威望和形象。为政清廉才能取信于民，秉公用权

---

① 《高举中国特色社会主义伟大旗帜　为全面建设社会主义现代化国家而团结奋斗——在中国共产党第二十次全国代表大会上的报告》，《人民日报》2022 年 10 月 26 日。

② 郭庆松：《党的自我革命永远在路上》，《社会科学报》2022 年 11 月 3 日。

③ 中共中央文献研究室编：《习近平关于全面从严治党论述摘编》，中央文献出版社 2016 年版，第 175 页。

才能赢得民心。毛泽东在回答黄炎培提出的历史周期率时曾言："我们已经找到新路，我们能跳出这周期率。这条新路，就是民主。只有让人民来监督政府，政府才不敢松懈。只有人人起来负责，才不会人亡政息。"① 如今，习近平总书记带领我们找到了第二个答案，那就是坚持自我革命。在中央全面深化改革领导小组第十二次会议上，习近平总书记首次提出"自我革命"的概念。之后，习近平总书记又在许多重要会议和重要场合多次谈及自我革命。如今，"自我革命"已经成为高频词、关键词，自我革命与社会革命被并称为新时代"两个伟大革命"。党的十九届六中全会还将"坚持自我革命"作为党的百年奋斗十个方面历史经验之一，写进党的第三个历史决议。反腐败就是自我革命，勇于自我革命，是我们党最鲜明的品格，也是我们党最大的优势。"党面临的最大风险和挑战是来自党内的腐败和不正之风"②，只有下最大力气解决好消极腐败问题，才能确保党始终同人民同呼吸、共命运、心连心。

反腐败斗争形势依然严峻复杂。党的十八大以来，我们党在加大反腐败斗争的同时也明确：我们党员干部队伍的主流始终是好的，但同时要清醒地看到，反腐败形势依然严峻复杂。2022 年 6 月，习近平总书记在中共中央政治局第四十次集体学习时强调，党中央对反腐败斗争形势的总体判断是两个方面：一个是"取得压倒性胜利并全面巩固"，一个是"形势依然严峻复杂"。③ "取得压倒性胜利并全面巩固"是对取得成绩的概括，"形势依然严峻复杂"是对存在问题的准确把握。新时代十年，党中央把全面从严治党纳入"四个全面"战略布局，

---

① 《毛泽东年谱（1893—1949）（修订本）》中卷，中央文献出版社 2013 年版，第 611 页。

② 中共中央纪律检查委员会、中共中央文献研究室编：《习近平关于党风廉政建设和反腐败斗争论述摘编》，中央文献出版社、中国方正出版社 2015 年版，第 101 页。

③ 《提高一体推进"三不腐"能力和水平　全面打赢反腐败斗争攻坚战持久战》，《人民日报》2022 年 6 月 19 日。

刀刃向内、自我净化、自我完善、自我革新、自我提高能力显著增强，管党治党宽松软状况得到根本扭转，反腐败斗争取得胜利并全面巩固，党在革命性锻造中更加坚强有力。我们党从关系党和国家生死存亡的高度，以强烈的历史责任感、深沉的使命忧患感和顽强的意志品质，深化标本兼治，巩固发展夺取反腐败斗争压倒性胜利。十年磨一剑，但还未到大功告成的时候，我们必须将反腐败斗争进行到底。2023年1月，党的二十届中央纪委二次全会指出，"坚决打赢反腐败斗争攻坚战持久战。坚持不敢腐、不能腐、不想腐一体推进，更加有力遏制增量，更加有效清除存量"，并明确提出严查重点问题、突出重点领域、紧盯重点对象，持续开展"天网行动"，一体构建追逃防逃追赃机制等①，这是对反腐败斗争形势依然严峻复杂，腐败问题产生的土壤和条件尚未彻底铲除以及腐败领域发生新变化作出最新判断后采取的必然举措。

反腐败永远在路上。这是基于当前形势和任务所作出的基本判断。习近平总书记清醒地认识到："坚决反对腐败，防止党在长期执政条件下腐化变质，是我们必须抓好的重大政治任务。"②"我们党反腐败不是看人下菜的'势利店'，不是争权夺利的'纸牌屋'，也不是有头无尾的'烂尾楼'。"③党风廉政建设和反腐败斗争本质上就是坚持党的全面领导的政治工作，是全面从严治党的重大任务。保持反腐败永远在路上的坚韧和执着，要纠正错误想法，不能有差不多了就该松口气、歇歇脚的想法，打好一仗就一劳永逸的想法，初见成效就见好就收的想法。要把握腐败新变化，警惕形式主义、官僚主义出现新变形，一

---

① 《中国共产党第二十届中央纪律检查委员会第二次全体会议公报》，《人民日报》2023年1月11日。

② 中共中央纪律检查委员会、中共中央文献研究室编：《习近平关于党风廉政建设和反腐败斗争论述摘编》，中央文献出版社、中国方正出版社2015年版，第7页。

③ 《在第十八届中央纪律检查委员会第六次全体会议上的讲话》，《人民日报》2016年5月3日。

些领域腐败易发多发，有的政治问题和腐败问题交织，"党面临的最大风险和挑战是来自党内的腐败和不正之风。权力寻租，体制外和体制内挂钩，形成利益集团，挑战党的领导"① 等新的变化。要勇于自我革命，敢于直面问题，敢于刮骨疗伤，敢于壮士断腕，以刀刃向内的自觉和勇气，彻底医治损害党的先进性和纯洁性的各种病症，坚决祛除滋生在党的肌体上的所有毒瘤，使我们党更加坚强、更有力量。

（二）党内决不允许腐败分子有藏身之地

在 2012 年 11 月 15 日，当选中共中央总书记伊始，习近平总书记就向全世界郑重承诺："要深入抓好反腐倡廉工作，坚持有案必查、有腐必惩，任何人触犯了党纪国法都要依纪依法严肃查处，决不姑息，党内决不允许腐败分子有藏身之地。"② 党的十九大提出"反腐败永远在路上"，"要坚持无禁区、全覆盖、零容忍，坚持重遏制、强高压、长震慑，坚持受贿行贿一起查，坚决防止党内形成利益集团"③。党的二十大更是明确要"以零容忍态度反腐惩恶，更加有力遏制增量，更加有效清除存量，坚决查处政治问题和经济问题交织的腐败，坚决防止领导干部成为利益集团和权势团体的代言人、代理人，坚决治理政商勾连破坏政治生态和经济发展环境问题，决不姑息"④。以零容忍态度惩治腐败，就是决不允许腐败分子有藏身之地。

坚持无禁区、全覆盖、零容忍。党的十八大以来，习近平总书记论反腐倡廉，常用"壮士断腕、刮骨疗毒""猛药去疴、重典治乱"，

① 中共中央纪律检查委员会、中共中央文献研究室编：《习近平关于党风廉政建设和反腐败斗争论述摘编》，中央文献出版社、中国方正出版社 2015 年版，第 101 页。

② 中共中央纪律检查委员会、中共中央文献研究室编：《习近平关于党风廉政建设和反腐败斗争论述摘编》，中央文献出版社、中国方正出版社 2015 年版，第 93 页。

③ 《决胜全面建成小康社会　夺取新时代中国特色社会主义伟大胜利——在中国共产党第十九次全国代表大会上的报告》，《人民日报》2017 年 10 月 28 日。

④ 《高举中国特色社会主义伟大旗帜　为全面建设社会主义现代化国家而团结奋斗——在中国共产党第二十次全国代表大会上的报告》，《人民日报》2022 年 10 月 26 日。

必用"不""决不""必须"这类决绝性话语，并多次明确指出：反腐不设上限，不设"特区"，"不论什么人，不论其职务多高，只要触犯了党纪国法，都要受到严肃追究和严厉惩处，决不是一句空话"①。党内既没有免罪的"丹书铁券"，也没有"铁帽子王"，决不搞选择性反腐，决不会搞投鼠忌器。惩治腐败必须"做到零容忍的态度不变、猛药去疴的决心不减、刮骨疗毒的勇气不泄、严厉惩处的尺度不松，发现一起查处一起，发现多少查处多少，不定指标、上不封顶，凡腐必反，除恶务尽"②。这是何等坚决的态度和何等豪迈的勇气，实际上就是要在反腐败问题上坚持无禁区、全覆盖、零容忍，就是让腐败问题和腐败分子失去生存的土壤。

坚持重遏制、强高压、长震慑。面对复杂的腐败现象和形形色色的腐败分子，惩治腐败必须继续保持高压态势，要坚定不移"打虎""拍蝇""猎狐"。必须坚决查处大案要案，严肃查办发生在领导机关和领导干部中滥用职权、贪污贿赂、腐化堕落、失职渎职等案件。党的十八大以来，我们党"打虎"态度之坚、力度之强、密度之大、曝光之快史无前例。"老虎"露头就打，"苍蝇"乱飞也要拍。加大整治和着力解决发生在群众身边的不正之风和腐败问题，严肃查处损害群众利益的各类事件，切实维护人民群众的合法利益。把扫黑除恶同反腐败相结合，既抓涉黑组织，也抓背后的"保护伞"。继续加大"猎狐"力度，加强反腐败综合执法国际协作，同国际社会积极开展反腐败追逃合作，决不让腐败犯罪分子躲进"避罪天堂"。所有这些行动，就是要坚持重遏制、强高压、长震慑，让腐败问题无处遁形，让腐败分子无处可逃。

---

① 中共中央文献研究室编：《习近平关于全面从严治党论述摘编》，中央文献出版社 2016 年版，第 175 页。

② 中共中央纪律检查委员会、中共中央文献研究室编：《习近平关于党风廉政建设和反腐败斗争论述摘编》，中央文献出版社、中国方正出版社 2015 年版，第 102—103 页。

一体推进不敢腐、不能腐、不想腐。习近平总书记指出："一体推进不敢腐、不能腐、不想腐，必须三者同时发力、同向发力、综合发力，把不敢腐的强大震慑效能、不能腐的刚性制度约束、不想腐的思想教育优势融于一体，用'全周期管理'方式，推动各项措施在政策取向上相互配合、在实施过程中相互促进、在工作成效上相得益彰。"① 党的十九届四中全会将构建一体推进不敢腐、不能腐、不想腐体制机制，作为坚持和完善党和国家监督体系的重要内容单列一条作出部署，这是健全党和国家监督体系的必然要求，也是深入推进全面从严治党的现实需要。当前，腐败蔓延势头得到有效遏制，不敢腐的目标初步实现，不能腐的笼子越扎越牢，不想腐的堤坝正在构筑。习近平总书记强调："新征程反腐败斗争，必须在铲除腐败问题产生的土壤和条件上持续发力、纵深推进。总的要求是，坚持一体推进不敢腐、不能腐、不想腐，深化标本兼治、系统施治，不断拓展反腐败斗争深度广度，对症下药、精准施治、多措并举，让反复发作的老问题逐渐减少，让新出现的问题难以蔓延，推动防范和治理腐败问题常态化、长效化。"② 这样才能坚决防止党内形成利益集团，巩固发展反腐败斗争压倒性胜利。

（三）标本兼治推进反腐倡廉建设

腐败是世界毒瘤，反腐败斗争是人类共同的正义之战，反腐倡廉建设是我们党长期执政的基础性工程，必须标本兼治、久久为功。全党同志要坚持标本兼治、综合治理、惩防并举、注重预防方针，更加科学有效地防治腐败，坚定不移把党风廉政建设和反腐败斗争引向深入。

---

① 《提高一体推进"三不腐"能力和水平　全面打赢反腐败斗争攻坚战持久战》，《人民日报》2022 年 6 月 19 日。

② 《深入推进党的自我革命　坚决打赢反腐败斗争攻坚战持久战》，《人民日报》2024 年 1 月 9 日。

坚持标本兼治的反腐倡廉方针。在反腐倡廉建设中，治标，对违纪违法打击和追究，对腐败分子能够起到惩治、震慑、遏制作用，突出"惩"的功能；治本，对权力运行进行制约和监督，对腐败现象能够起到预防、阻拦、防范作用，重在"防"的功能。这就是说，"标本兼治，既要夯实治本的基础，又要敢于用治标的利器"①。这就要求我们要坚持思想建党和制度治党同向发力，紧紧扭住理想信念这个"总开关"，聚焦中心任务抓住惩腐不放松，坚持高标准和守底线、抓惩治和抓责任、查找问题和深化改革、选人用人和严格管理相统一，切实增强反腐败斗争的行动自觉，不断提高党的全面领导水平和执政水平，提高拒腐防变和抵御风险能力，增强反腐倡廉工作的科学性、主动性、创造性，通过不断不懈努力换来党和国家事业的海晏河清、朗朗乾坤。

健全落实惩治预防腐败体系。要求我们要强化制约，厘清权力边界。不同性质的权力由不同部门、组织、个人行使，形成科学合理的权力结构和运行机制。要强化监督，防止权力失控。着力改进对领导干部特别是"一把手"行使权力的监督，加强党内监督、行政监察、审计监督、巡视监督等的全覆盖。要强化公开，防止暗箱操作。推进各级政府及其工作部门权力正确行使。要强化追究，防止权责不一。严格执行民主集中制、党内组织生活制度和请示报告制度，自觉接受党组织教育和监督，依纪依法严肃查处乱作为、不作为、慢作为等现象。

筑牢拒腐防变思想道德防线。习近平总书记指出："反腐倡廉是一个复杂的系统工程，需要多管齐下、综合施策，但从思想道德抓起具有基础性作用。"② 思想纯洁是马克思主义政党保持纯洁性的根本，道德高尚是领导干部做到清正廉洁的基础。要教育党员干部模范践行社会主义核心价值观，始终保持高尚品格和廉洁操守，筑牢拒腐防变的

---

① 《习近平谈治国理政》第3卷，外文出版社2020年版，第510页。

② 中共中央纪律检查委员会、中共中央文献研究室编：《习近平关于党风廉政建设和反腐败斗争论述摘编》，中央文献出版社、中国方正出版社2015年版，第140页。

思想道德防线。要坚持以修身为本，坚守初心使命，厚植做人、做事、做官的基础和根本。要时刻用党章党规要求自己，时刻自重自警自省自励。要加强反腐倡廉教育，抓好思想政治教育，念好"真经"，抓好党性教育和党性修养。作为领导干部，务必要主动把反腐倡廉当作政治必修课来认真对待，坚决反对和自觉抵制特权思想、特权行为，自觉追求健康的工作方式和生活方式，在各种诱惑面前经得起考验，敢于向一切腐败和不正之风冲锋亮剑，决不能把权力变成牟取个人或少数人私利的工具，永葆共产党人政治本色。

营造风清气正党内政治生态。新征程上，要保持常抓不懈、久久为功的定力，持之以恒净化政治生态。坚持激浊和扬清并举，抓住关键环节，突出问题导向，严明政治纪律和政治规矩，严肃党内政治生活，破"潜规则"，立"明规矩"，坚决防止搞"小圈子""拜码头""搭天线"，有力打击各种政治骗子，严格防止把商品交换原则带到党内。选人用人是党内政治生活的风向标，端正用人导向是严肃党内政治生活的治本之策。必须坚持不懈整治选人用人上的不正之风，推动形成清清爽爽的同志关系、规规矩矩的上下级关系，促进政治生态山清水秀。"廉者，政之本也。"全面从严治党，既要靠治标，猛药去病，重典治乱，也要靠治本，正心修身，涵养文化，守住为政之本。加强新时代廉洁文化建设，是建设廉洁政治、涵养风清气正的政治生态的内在要求和基础性工程。要从思想上固本培元，深入开展党性党风党纪教育，传承党的光荣传统和优良作风，激发共产党员崇高理想追求，把以权谋私、贪污腐败看成极大的耻辱。要坚持系统思维全面发力，领导干部要清正廉洁、以身作则，发挥好"关键少数"的表率作用，也要注重家庭家教家风，督促领导干部从严管好亲属子女，还要在全社会积极宣传廉洁理念、廉洁典型，强化正反两方面教育，营造崇廉拒腐的良好风尚，推动形成廉荣贪耻的社会氛围。

广东在十三届省纪委三次全会中也提出，要强化良好政治生态营造，烧旺党内政治生活这个"大熔炉"，树牢选贤任能这个"风向标",守好亲清政商关系这条"边界线",有力促进清风正气更加充盈。要强化新时代廉洁文化建设,深入开展党性党风党纪教育,大力加强家庭家教家风建设,积极宣传崇廉尚廉敬廉文化,推动广大党员干部筑牢拒腐防变思想道德防线。广东有570多万名党员和30多万个基层党组织,涵养良好政治生态,不断深化自我革命,容不得半点松懈。我们要牢记习近平总书记两个"永远在路上"的谆谆教导,全面落实新时代党的建设总要求,既要治标也要治本,既立足当前又着眼长远,以新担当新作为奋力开创广东现代化建设新局面。

思考题:

1. 如何理解党的自我革命?

2. 结合本职工作谈谈广东建设新时代廉洁文化的具体路径。

第六章　奋力书写中华民族
现代文明的广东篇章

　　党的二十大对以中国式现代化全面推进中华民族伟大复兴作出全面部署，明确物质文明和精神文明相协调的现代化是中国式现代化的重要特征之一，确定推进文化自信自强、铸就社会主义文化新辉煌的目标任务。

　　习近平总书记在文化传承发展座谈会上强调，"在新的起点上继续推动文化繁荣、建设文化强国、建设中华民族现代文明，是我们在新时代新的文化使命。要坚定文化自信、担当使命、奋发有为，共同努力创造属于我们这个时代的新文化，建设中华民族现代文明"。[①] 广东要以"勇挑大梁"的担当，以新担当新作为扎实推进文化强省建设，进一步提升广东文化软实力，更好发挥文化引领风尚、教育人民、服务社会、推动发展的作用，为"再造一个新广东"注入强大的文化力量。以"走在前列"的创新创造，努力实现从发展窗口向文明窗口的跃升，奋力书写中国式现代化的广东新篇章。

---

　　① 《习近平在文化传承发展座谈会上强调　担负起新的文化使命　努力建设中华民族现代文明》，《人民日报》2023 年 6 月 3 日。

一、运用"两个结合"这个最大法宝推进中国式现代化广东实践

旗帜决定方向，道路决定命运。中国特色社会主义是科学社会主义理论逻辑和中国社会发展历史逻辑的辩证统一，植根于中国大地和中华文化沃土、反映中国人民意愿、适应中国和时代发展进步要求。习近平总书记指出："在五千多年中华文明深厚基础上开辟和发展中国特色社会主义，把马克思主义基本原理同中国具体实际、同中华优秀传统文化相结合是必由之路。这是我们在探索中国特色社会主义道路中得出的规律性的认识，是我们取得成功的最大法宝。"① 当前，我们要自觉习近平新时代中国特色社会主义思想为指导，深刻认识"走在前列"总目标蕴含的新标高，要切实担负起新时代新的历史使命，用好"两个结合"这个最大法宝，运用马克思主义的立场观点方法，同时汲取中华优秀传统文化中的智慧，解决中国式现代化广东实践遇到的新问题，以广东生动实践为建设中华民族现代文明作出新贡献。

（一）坚持以人民为中心的价值取向，奋力在推动共同富裕上取得新突破

"以人民为中心"有着深厚的历史文化逻辑，是马克思主义基本原理同中国具体实际、同中华优秀传统文化相结合的产物。"以人民为中心"价值理念是马克思主义题中应有之义，马克思主义根植于人民之中，是真正的人民的理论，指明了依靠人民推动历史前进的人间正道。"以人民为中心"的价值理念，根植于传统民本思想之中，通过新民主

---

① 《担负起新的文化使命 努力建设中华民族现代文明》，《人民日报》2023 年 6 月 3 日。

主义革命的伟大实践得到检验和淬炼，在马克思主义中国化的过程中不断深化和丰富，并形成了"全心全意为人民服务"等一系列重要思想，成为中国共产党人的宝贵精神财富。

坚持人民主体地位，坚持以人民为中心的价值取向，是广东改革开放的宝贵经验。广东改革开放的每一次重大突破，都源于人民群众的创造，都充分彰显了以人民的利益和需要为导向来谋求发展的历史主动精神。改革开放以来，广东积极主动回应人民需求，在科学应变中推进改革发展，映照出在历史主动精神中推动历史发展合规律性与合目的性的统一。从实践来看，回应人民需求是推进广东改革发展的出发点。如广东始终将贫困治理、追求共同富裕贯穿于改革发展全过程。

进入新时代以来，广东先后实施"民生十项办事机制""民生十大工程"；实施财政转移支付、对口帮扶，推动珠三角与粤东西北地区共建产业转移园，充分践行人民共享和协调发展理念。尊重群众首创是推进广东改革发展的动力源。广东在改革开放进程中，注重主动激发和吸收来源于民间的活力和动力。从实行"三定一奖""五定一奖"和包产到户到实行家庭联产承包责任制，再到农村土地股份合作制改革、推行农村集体建设用地流转，从个体经济的悄然恢复到乡镇企业异军突起造就"珠江模式"，再到华为、腾讯、大疆等民营企业的蓬勃发展等，都是尊重群众首创、引领基层探索、注重民生导向的结果。

在新时代不断将改革推深做实，就要坚定不移贯彻以人民为中心的发展思想，切实做到改革为了人民、改革依靠人民、改革成果由人民共享，把是否促进经济社会发展、是否给人民群众带来实实在在的获得感，作为改革成效的评价标准。十八大以来，广东践行以人民为中心的发展思想，把人民利益、人民意志和人民心声作为广东现代化发展的价值取向，坚持加大民生领域投入，在高质量发展中保障和改善民生，各项民生社会事业发展呈现新气象，共同富裕之路愈走愈扎实。

广东坚持"小切口大变化"办好民生实事,人民群众获得感幸福感安全感进一步提升。2023年,广东民生取得了突出的成绩:居民人均可支配收入超过4.5万元,增速与经济增长基本同步。城镇新增就业690万人,占全国1/10,"粤菜师傅""广东技工""南粤家政"三项工程培训893万人次。新增基础教育公办学位252万个,高等教育毛入学率提高至57%以上,职业教育在校生规模居全国前列。加快构建"顶天立地"医疗卫生大格局,新增医疗机构床位超过10万张,全民健身与全民健康深度融合,居民人均预期寿命达79.3岁。社会保障体系更加完善,统筹层次和待遇水平稳步提升。筹建保障性安居工程81万套(间),改造城镇老旧小区惠及超过150万户,改造农村危房7.57万户,完成6.64万户农村削坡建房风险点整治,治理违法建设9亿平方米。文化强省建设迈出大步,建成珠三角全国文明城市群,公共文化设施实现五级全覆盖,文化及相关产业增加值稳居全国首位。建立五级退役军人服务体系,国防动员、优抚安置、双拥共建、人民武装等工作取得新成效。外事侨务、民族宗教、妇女儿童、残疾人、参事文史、地方志、地震、气象等事业全面进步。2024年,广东正聚力推进"民生十大工程",涵盖就业、教育、医疗、住房、养老、育儿等群众最关心最直接最现实的利益问题。新蓝图已经绘就,工作扎实起步,广东坚持在高质量发展中保障和改善民生,不断将群众的民生愿景转变为幸福实景。

共同富裕是社会主义的本质要求,是中国式现代化的重要特征。省委十三届三次全会强调,要用心用情抓好民生社会事业,在推动共同富裕上取得新突破。"路虽远,行则将至;事虽难,做则必成。"促进全体人民共同富裕是一项长期任务,也是一项现实任务,急不得,也等不得。全省各地区各部门要坚持以人民为中心,始终把群众安危冷暖挂在心上,始终把满足人民对美好生活的新期待作为发展的出发点和落脚点,脚踏实地、久久为功,向着这个目标积极努力,促进人的全面发展和社会全面进步,让广大人民群众获得感、幸福感、安全感更加充实、更有保障、更可持续。全面把握共同富裕的深刻内涵，从政策制定、资源配置、改革导向、绩效评价等方面整体性推进。既要扩大工资收入、提升经营收入、增加财产收入、拓展转移收入，不断拓宽群众增收致富渠道；又要健全多层次社会保障体系，用好转移支付、结对帮扶等工作机制，大力发展公益慈善，推动先富带动后富；着力破解民生难题，着力健全社会保障体系，着力探索共同富裕有效路径，尽力而为、量力而行，不断增进民生福祉。

（二）发扬理论联系实际的优良作风，破解发展难题

理论联系实际，是中国共产党的三大优良作风之一，也是"两个结合"的题中应有之义。运用"两个结合"这个最大法宝推进中国式现代化广东实践，就是要继续发扬理论联系实际的优良作风。我们党的历史反复证明，什么时候理论联系实际坚持得好，党和人民事业就能够不断取得胜利；反之，党和人民事业就会受到损失，甚至出现严重曲折。新时代新征程，把坚持一切从实际出发作为想问题、作决策、办事情的出发点和落脚点，大兴调查研究，不断深化对省情市情县情的认识，与时俱进完善优化政策、方案、举措，拓展实践路径，破解发展难题，激发动力活力。

改革开放以来，广东始终坚持理论联系实际，用足用活中央给予的"特殊政策"和"灵活措施"，结合本地实际和不同发展阶段特点，创造性地提出发展思路、改革政策和开放举措。例如，改革开放初期，基于世情、国情的变化，广东从毗邻港澳、华侨众多的地缘人缘优势出发，主动请求中央允许广东实行特殊政策、灵活措施，在改革开放中先行一步，率先创办经济特区，率先推进各项经济体制改革。可以说，广东经济社会发展每上一个台阶，无一例外都是坚持把马克思主义理论和广东实际相结合，坚持一切从实际出发，不断深化省情认识，不断丰富和完善发展思路的结果。

发扬理论联系实际的优良作风，前提是学好用好马克思主义理论，

学懂弄通理论、掌握思想真谛，即掌握蕴含其中的道理、学理、哲理，特别是要把握好蕴含其中的世界观和方法论，坚持好运用好贯穿其中的立场观点方法，真正把马克思主义这个看家本领学到手，做到真学、真懂、真信、真用。黄坤明书记强调，"要以高度政治自觉、思想自觉、行动自觉深入学习贯彻习近平新时代中国特色社会主义思想，在新时代伟大实践中不断开辟马克思主义中国化时代化新境界"①，并号召全省各级领导干部要在学习贯彻习近平新时代中国特色社会主义思想上带好头作表率，坚持"两个确立"，做到"两个维护"，不断提升政治能力、思维能力、实践能力，发扬务实之风，弘扬清廉之风，养成俭朴之风，以奋发有为的精神状态和"时时放心不下"的责任意识履好职、尽好责，带领广大干部群众心往一处想、劲往一处使，奋力把省委"1310"具体部署变为广东现代化建设的生动实践和扎实成效。

发扬理论联系实际的优良作风，光有理论还不够，还要了解实际，坚持一切从实际出发。正如毛泽东同志所言，"我们要从国内外、省内外、县内外、区内外的实际情况出发，从其中引出其固有的而不是臆造的规律性"②。理论联系实际，就是要把真正的、正确的理论同具体的、客观的实际结合起来，而深入了解并全面把握客观实际，就必须做实调查研究这项基础性工作，练好调查研究这项基本功。

广东省把坚持一切从实际出发作为想问题、作决策、办事情的出发点和落脚点，大兴调查研究，不断深化对省情市情县情的认识，并以真实问题为导向，与时俱进完善优化政策、方案、举措，拓展实践路径，破解发展难题，激发动力活力。例如，针对区域发展差距大这一实际，广东从省情、民情出发把握客观规律，先后主动谋划了"中部地区领先、东西两翼齐飞、广大山区崛起""山洽会""双转移""粤东西北地区振兴发展战略""构建'一核一带一区'区域发展格

---

① 《把握好习近平新时代中国特色社会主义思想的世界观和方法论》，《人民日报》2022 年 11 月 16 日。

② 《毛泽东选集》第 3 卷，人民出版社 1991 年版，第 801 页。

局""百县千镇万村高质量发展工程"等省域部署，扎实推动广东区域协调发展，前瞻性布局高质量发展和推进共同富裕。例如，针对制造业发展实际，从全球经验来看，制造业是英国、美国、德国、日本等国家过去在通往强国之路上的强大支撑；从全国形势和广东实际来看，广东打造全球先进制造业基地的目标任重道远。正是基于世情、国情、省情三重战略考量，省委十三届二次全会再次明确坚持制造业当家，大力发展实体经济，筑牢现代化经济体系的坚实基础，为全面建设社会主义现代化国家提供坚强保障。

实践证明，立足客观实际是掌握历史主动的基本要求，只有坚持从实际出发，尊重历史客观规律，才能有针对性提出发展新举措，不断开创中国式现代化广东实践的新局面。

（三）推动中华优秀文化创造性转化和创新性发展，为中国式现代化广东实践夯实根基、拓展空间、注入力量

"两个结合"中第二个结合即"马克思主义基本原理同中华优秀传统文化相结合"，是中国共产党对马克思主义中国化时代化历史经验的深刻总结，是对中华文明发展规律的深刻把握，表明中国共产党对中国道路、理论、制度的认识达到了新高度，表明中国共产党的历史自信、文化自信达到了新高度，表明中国共产党在传承中华优秀传统文化中推进文化创新的自觉性达到了新高度。坚守好根脉，就是以马克思主义真理力量激活源远流长的中华优秀传统文化，充实马克思主义的文化生命，使马克思主义在中国大地上展现出更强大、更有说服力的真理力量，成为中国式现代化的文化形态，厚实中国特色社会主义道路的文化根基，坚定文化发展的方向，激发文化建设的动力，促进文化实践的繁荣，让中华优秀传统文化迸发出更为强大的精神力量，显示出日益鲜明的中国风格，表明我们的历史自信、文化自信达到了新高度，推进文化创新的自觉性达到了新高度。

广东地处"两个前沿"，是"两个重要窗口"，既有深厚的中华优

秀传统文化和特色岭南文化底蕴，又在近代以来积淀了勇立潮头、敢为人先的创造精神。要牢牢把握"两个结合"根本要求，进一步增强文化自觉、坚定文化自信，持续推动中华优秀传统文化创造性转化、创新性发展，不断探索面向未来的理论和制度创新，为实现强国建设、民族复兴的宏伟目标积淀更深沉的力量。

一是实施文化遗产保护利用工程。历史文化遗产承载着中华民族的基因和血脉，要像爱护自己的生命一样保护好历史文化遗产。更加注重系统性专业性，健全文物和非物质文化遗产系统性保护体系，高标准推进早期岭南探源工程，做强"南海Ⅰ号"等水下考古品牌。深入总结广州永庆坊、潮州牌坊街和广济桥、汕头小公园等保护利用经验，加强历史文化名城、名镇、名村、街区的系统保护和利用。加强龙舟、醒狮、广绣、广彩、潮绣、潮瓷、潮雕、工夫茶等非遗项目的活态传承，把老祖宗留下的宝贝保护好、传下去。

二是实施红色基因传承工程。红色资源是我们党艰辛而辉煌奋斗历程的见证，是最宝贵的精神财富。早于2021年，广东省核定公布首批《广东省革命文物名录》，包括不可移动革命文物1513处，其中，全国重点文物保护单位30处，居全国第四；可移动革命文物4783件（套），均为珍贵文物。广东是近代民主革命的策源地和先行地，是全国革命遗址延续年代最长、序列最完整、种类最齐全的省份之一。同时，广东也是当代改革开放的先行地，一些重要历史事件标志地、代表性建筑和纪念设施充分见证了改革开放的发展历程。要加强革命传统教育，用好红色资源，传承好红色基因，大力弘扬以伟大建党精神为源头的中国共产党人精神谱系，加强中共三大会址纪念馆、广州农讲所、长征国家文化公园（广东段）等红色遗址、革命文物的系统性保护和利用，建设一批反映新时代辉煌成就的爱国主义教育基地，弘扬革命精神、民族精神、时代精神，点亮理想信念明灯。

三是实施岭南文化"双创"工程。岭南文化是中华文化的重要组成部分，具有深厚底蕴和独特魅力，要推动岭南文化创造性转化和创新性发展，让老祖宗的"传家宝"焕发更加璀璨夺目的光彩。建好用好中国国家版本馆广州分馆、岭南书院，办好广东岭南古籍出版社，积极推进岭南文化大数据体系建设，推动广府文化、潮汕文化、客家文化、雷州文化等特色文化传承发展。持续擦亮岭南戏曲、岭南美术、广东音乐等传统文化品牌，让岭南文艺保持蓬勃的生机活力。此外，岭南文化是在粤港澳大湾区具有广泛认同的地域文化和传统文化。当下，要激发岭南文化创新活力，推进人文湾区构建。《粤港澳大湾区发展规划纲要》提出"共建人文湾区"的目标任务，并从塑造湾区人文精神、共同推动文化繁荣发展、推动中外文化交流互鉴等方面提出了要求。目前，要充分挖掘岭南文化的时代价值，对其进行符合中国式现代化的创造性转化，让岭南文化在大湾区不断焕发新的活力，为推进中国式现代化的广东实践提供文化底蕴和前进动力。

新时代，广东正以深厚的文化自信和文化自觉，深入挖掘中华优秀传统文化蕴含的思想观念、人文精神、道德规范，推动其创造性转化和创新性发展，不断赋予其新的时代内涵和现代表达形式。广东从建设中华民族现代文明的战略高度谋划推动各领域工作，将经济社会发展更加深入地置于中华文化、中华文明的深厚滋养之中，为中国式现代化广东实践夯实根基、拓展空间、注入力量。

二、协调发展物质文明与精神文明

党的二十大报告指出，中国式现代化是人口规模巨大的现代化，全体人民共同富裕的现代化，物质文明和精神文明相协调的现代化，人与自然和谐共生的现代化，走和平发展道路的现代化。[①] 物质文明和精神文明相协调作为中国式现代化的重要特征之一，是社会主义现代

---

① 《高举中国特色社会主义伟大旗帜　为全面建设社会主义现代化国家而团结奋斗——在中国共产党第二十次全国代表大会上的报告》，《人民日报》2022年10月26日。

化坚持物质富足与精神富有相统一的根本要求，体现了马克思主义关于人的自由全面发展的价值准则。以往一些国家的现代化一个重大弊端就是物质主义膨胀；强大的物质基础、人的物质生活资料丰富当然是现代化的题中应有之义，但如果人只追求物质享受，没有健康的精神追求和丰富的精神生活，成为社会学家描述的那种"单向度的人"，丰富多彩的人性蜕变为单一的物质欲望，那也是人类的悲剧。这为我们所不取，我们追求的是以人民为中心，追求的是既物质富足又精神富有，追求的是人的全面发展和社会全面进步。此外，只有协调推进物质文明建设和精神文明建设，才能为实现中国式现代化和实现中华民族伟大复兴，创造坚实雄厚的物质力量和精神力量。

改革开放以来，广东文化屡开风气之先，数度引领风潮，对推动广东当好排头兵、先行地、实验区功不可没。迈进新时代，加快建设文化强省，努力交出物质文明和精神文明两份好的答卷，更加成为广东实现"四个走在全国前列"、当好"两个重要窗口"的必然选择。

（一）协调发展物质文明与精神文明是社会主义现代化的根本要求

物质文明和精神文明是人类社会物质生产实践活动和精神产品创造活动成果的结晶。人类社会发展史告诉我们，人的生活需求包含物质和精神两个方面。追求物质文明和精神文明是人类社会繁荣进步的内在驱动力。物质文明和精神文明两者是互为条件、相互影响、相互促进、辩证统一的。马克思主义经典作家的著作，既阐明了物质文明为精神文明提供物质前提和条件，也指出了精神文明对物质文明具有反作用。马克思指出："思想、观念、意识的生产最初是直接与人们的物质活动，与人们的物质交往，与现实生活的语言交织在一起的。人们的想象、思维、精神交往在这里还是人们物质行动的直接产物。"①

---

① 《马克思恩格斯文集》第1卷，人民出版社2009年版，第524页。

恩格斯在致康拉德·施米特的信中写道："物质存在方式虽然是始因，但是这并不排斥思想领域也反过来对物质存在方式起作用。"① 可见，在马克思主义那里，物质文明和精神文明并不是相互排斥，而是呈现对立统一的关系。两者互为条件，又互为目的。社会主义物质文明建设是社会主义精神文明建设不可缺少的基础，为精神文明提供物质条件和实践经验；社会主义精神文明保证物质文明建设的正确发展方向，并为物质文明提供精神动力、智力支持和思想保证。

在中华优秀传统文化里，关于物质富足与精神富有相统一的社会理想和社会治理观贯穿始终，充分体现了物质文明与精神文明协调发展在推动社会发展进步中的重要作用。习近平总书记指出："中华民族的先人们早就向往人们的物质生活充实无忧、道德境界充分升华的大同世界。"② 在中华优秀传统文化中，物质文明和精神文明两者之间并不存在物质高于精神或者精神高于物质的二元对立，而是始终秉持一种总体文明观。

物质文明和精神文明相协调，也是中国共产党推进社会主义现代化建设的重要经验之一，就是高度重视协调推进物质文明建设和精神文明建设。新中国成立前夕，毛泽东同志就指出，中央政府"领导全国人民克服一切困难，进行大规模的经济建设和文化建设，扫除旧中国所留下来的贫困和愚昧，逐步地改善人民的物质生活和提高人民的文化生活"③。在改革开放进程中，邓小平同志强调，"我们要在建设高度物质文明的同时，提高全民族的科学文化水平，发展高尚的丰富多彩的文化生活，建设高度的社会主义精神文明"④。党的十八大以来，以习近平同志为核心的党中央高度重视"两个文明"协调发展。

---

① 《马克思恩格斯文集》第 10 卷，人民出版社 2009 年版，第 586 页。

② 《出席第三届核安全峰会并访问欧洲四国和联合国教科文组织总部、欧盟总部时的演讲》，人民出版社 2014 年版，第 17 页。

③ 《毛泽东文集》第 5 卷，人民出版社 1996 年版，第 348 页。

④ 《邓小平文选》第 2 卷，人民出版社 1994 年版，第 208 页。

在物质文明层面，着力构建新发展格局，推进高质量发展，构建完善的社会主义市场经济体制，建设现代化产业体系，全面推进乡村振兴，促进区域协调发展，推进高水平对外开放，基本实现新型工业、信息化、城镇化、农业现代化；在精神文明层面，高度重视社会主义精神文明建设，顺应新时代新征程形势任务发展变化的新要求，提出在守正创新中建设中华民族现代文明，要求"把精神文明建设贯穿改革开放和现代化建设全过程、渗透社会生活各方面"①，建设具有强大凝聚力和引导力的社会意识形态，广泛践行社会主义核心价值观，繁荣发展文化事业和文化产业，努力增强中华文明传播力、影响力。对此，习近平总书记强调："只有物质文明建设和精神文明建设都搞好，国家物质力量和精神力量都增强，全国各族人民物质生活和精神生活都改善，中国特色社会主义事业才能顺利向前推进。"② 物质贫困不是社会主义，精神贫乏也不是社会主义。我们党坚持物质文明和精神文明协调发展、相互促进，取得了物质文明建设和精神文明建设双丰收。在物质文明建设上，创造了令世界瞩目的经济社会发展成就，经济总量稳居世界第二位，制造业规模等多项指标位居世界第一，进入创新型国家行列，全面建成小康社会，成功推进和拓展了中国式现代化，为实现第二个百年奋斗目标打下了坚实的物质基础。在精神文明建设上，坚持马克思主义的指导地位，把马克思主义思想精髓同中华优秀传统文化精华贯通起来，实施公民道德建设工程，深化拓展新时代文明实践中心建设，不断赋予精神文明建设中华内涵、中国特色，社会主义核心价值观得到广泛传播，中华优秀传统文化得到创造性转化、创新性发展，各项文化事业日益繁荣兴盛，全党全国各族人民文化自信明显增强、精神面貌更加奋发昂扬，共同推动全社会文明程度不断提升。

物质文明和精神文明是辩证统一的，两者都是中国式现代化的重

---

① 《习近平谈治国理政》第 2 卷，外文出版社 2017 年版，第 324 页。

② 《习近平谈治国理政》第 1 卷，外文出版社 2018 年版，第 153 页。

要内容和追求目标。必须落实好我们党确定的"两手抓、两手都要硬"的战略方针，全面把握、正确处理物质文明建设和精神文明建设的辩证关系，推动两者相互协调、互相促进。

一方面，需要物质文明建设提供更加坚实的物质技术基础。中国式现代化充分发挥物质文明发展的决定性力量，吸收西方资本主义现代化发展中推动生产力进步的合理内容。在遵循客观规律的前提下，构建完善的社会主义市场经济体制，毫不动摇巩固和发展公有制经济，毫不动摇鼓励、支持、引导非公有制经济发展，充分发挥市场在资源配置中的决定性作用和政府作用，以生产方式的整体变革推动社会结构进行社会主义现代化改造。新时代的物质文明建设，必须坚持以推动高质量发展为主题，把发展质量问题摆在更为突出的位置。习近平总书记在党的二十大报告中指出，高质量发展是全面建设社会主义现代化国家的首要任务。实现高质量发展是中国式现代化的本质要求，关系到我国社会主义现代化建设全局。没有坚实的物质技术基础，就不可能全面建成社会主义现代化强国。必须坚持以发展为第一要务，不断解放和发展社会生产力，努力推动符合高质量发展标准和要求的物质文明建设，为全面建成社会主义现代化强国、实现中华民族伟大复兴提供更加强大的物质技术支撑。必须完整、准确、全面贯彻新发展理念，加快构建以国内大循环为主体、国内国际双循环相互促进的新发展格局，牢牢把握供给侧结构性改革这条主线，加快建设现代化经济体系，实施创新驱动发展战略，加快发展方式绿色转型，站在人与自然和谐共生的高度谋划物质文明建设。

另一方面，全面建设社会主义现代化国家，比以往任何时候都更加需要重视精神文明建设。精神文明建设，涵盖思想道德建设和教育科学文化建设领域，体现在经济、政治、文化、社会生活方方面面。精神文明建设为推进中国式现代化、全面建成社会主义现代化强国提供坚强思想保证、丰润道德滋养、强大精神力量。加强社会主义思想道德建设，这是社会主义精神文明建设的重要内容和中心环节。以恒心恒力抓好理想信念教育，弘扬劳动精神、奉献精神、奋斗精神、创造精神和勤俭节约精神，夯实社会主义思想道德基础。培育和弘扬社会主义核心价值观，将其融入国民教育和精神文明建设各环节全过程，使之成为全体人民的共同价值追求。加强诚信建设，倡导遵纪守法、诚实守信的良好社会风尚。统筹推进城乡精神文明建设融合发展。广泛进行群众性精神文明创建活动，倡导爱国、敬业、诚信、友善等基本道德规范，推进社会公德、职业道德、家庭美德、个人品德教育，持续提高人民文明素养和社会文明程度。推进文化自信自强，发展社会主义先进文化，弘扬革命文化，传承中华优秀传统文化，用心用情推进聚焦人民群众精神文化需求的高质量文化产品供给，充分发挥文化在推进物质文明和精神文明协调发展中的作用。通过建设社会主义文化强国，不断提升国家文化软实力，巩固全党全国各族人民团结奋斗的共同思想基础，增强全面建成社会主义现代化强国和实现中华民族伟大复兴的精神力量。

实现中国梦，是物质文明和精神文明比翼双飞的发展过程。当高楼大厦在我国大地上遍地林立时，中华民族精神的大厦也应该巍然耸立。前进道路上，只有物质文明建设和精神文明建设都搞好，国家物质力量和精神力量都增强，全国各族人民物质生活和精神生活都改善，中国式现代化才能顺利向前推进。

（二）高水平推进"两个文明"协调发展

党的十八大以来，习近平总书记对广东精神文明建设工作高度重视，多次作出重要指示批示，明确要求物质文明和精神文明两手抓、两手都要硬，推动广东精神文明建设不断取得新成效。当今世界百年未有之大变局正在加速演进，各种思想文化相互激荡，人民群众精神文化需求日益增长，对精神文明建设提出了新的更高要求。

奋进新征程，广东要走在全国前列、创造新的辉煌，必须牢记总书记的殷殷嘱托，自觉把精神文明建设摆在突出重要位置来抓，实施好文明质量提升工程，在新的高度上实现两个文明协调发展。广东省委十二届四次全会强调，要以深入推进精神文明建设为重点，加快建设文化强省。当前，必须坚定理想信念，深入学习宣传贯彻习近平新时代中国特色社会主义思想，大力培育和践行社会主义核心价值观，夯实广东全省人民团结奋斗的共同思想基础；必须大力发展现代文化产业，增强文化实力，为人民群众提供丰富的精神食粮，努力交出物质文明和精神文明两份好的答卷。

一是打响擦亮"志愿广东"品牌。志愿服务是社会文明进步的重要标志，是中国式现代化建设的重要力量。近年来，广东志愿服务"先行一步"，全省各地各部门率先探索、勇于创新，持续打响擦亮"志愿广东"品牌，全国首条志愿服务热线、国内首个依法注册的志愿服务组织、首个系统提出建设"志愿者之城"的城市等均在广东。截至 2022 年底，广东共有志愿者 2230.8 万人，超过全省人口的六分之一，超过 14 万支志愿服务团体（队伍）活跃在南粤大地，志愿精神不断深入人心。

2022 年 8 月，广东省文明委出台《关于加快建设"志愿广东"推进志愿服务事业高质量发展的意见》，明确提出建设志愿强省目标，为全省志愿服务高质量发展绘就"路线图"。同时，深入推进省市县三级志愿服务议事协调机构建设，制定《广东省志愿服务工作协调小组及其办事机构工作规则》，构建"文明委高位推动，文明办统筹协调，各行业部门齐抓共促、社会积极协同"的工作协调机制，为广东志愿服务事业高质量发展提供有力政策保障。

"志愿服务是精神文明建设的重要内容，是新时代文明实践中心的主要活动形式。"据省文明办相关负责人介绍，广东充分发挥文明实践中心统筹辖区志愿服务的枢纽作用，高标准建成 28018 个新时代文明实践中心（所、站），特色服务阵地 1.6 万个，志愿服务队伍 6.12 万支，打造社区综合志愿服务站点 2.36 万个及各类特色阵地 2.3 万个，构建起文明实践中心（所、站）、志愿驿站（U 站、V 站）等各具特色、广泛覆盖、便民利民的志愿服务阵地体系，形成"15分钟志愿服务圈"。

从乡村振兴到文明城市创建，从社区疫情防控到抗洪救灾一线，群众在哪里，志愿服务就延伸到哪里，"志愿红"成为城市里一道道亮丽的风景线。践行"奉献、友爱、互助、进步"的志愿服务精神，全省各地各部门坚持理念创新、实践创新，立足自身实际打造出"护河先锋·志愿同行""青苗计划""曲韵悠扬""红棉老兵"等一批特色鲜明、影响广泛、牵引性强的项目品牌，文明之花开遍南粤大地。

二是奏响主旋律强音，推动党的创新理论"飞入寻常百姓家"。在学习贯彻习近平新时代中国特色社会主义思想主题教育工作会议上，习近平总书记强调，坚持以党内教育引导和带动全社会的学习，让党的创新理论"飞入寻常百姓家"。推动党的创新理论"飞入寻常百姓家"，既是马克思主义中国化时代化的题中应有之义，也是巩固全党全国各族人民团结奋斗共同思想基础的必然要求，是新时代新征程宣传思想文化战线责无旁贷的职责使命。广东省深入实施习近平新时代中国特色社会主义思想传播工程，把学习宣传习近平新时代中国特色社会主义思想作为文化强省建设的首要任务来抓，持续深入抓好理论宣传，让党的创新理论"飞入寻常百姓家"。

为全面推动宣传思想文化工作高质量发展，广东始终高举思想之旗，深入实施习近平新时代中国特色社会主义思想传播工程。"粤学习""学习日历""进村入户"等网上理论传播品牌应运而生。2024年1月1日，由广东省委网信办指导、南方新闻网制作运营的习近平新时代中国特色社会主义思想天天学网上理论传播品牌——"学习日历"2024版正式上线。"学习日历"以独具特色的理论学习创新产品，引导广大网民读原著、学原文、悟原理，坚持不懈用习近平新时代中国特色社会主义思想凝心铸魂。自2023年11月15日上线以来，全网曝光量达3亿人次，访问量超1200万人次，微信群朋友圈自发分享近300万人次，收藏、打卡超110万人次，掀起全网学习热潮。

三是广东创新宣讲形式，探索规范开展基层宣讲活动的长效机制。 广州市增城区把习近平新时代中国特色社会主义思想作为基层理论宣讲的主线，坚持正确政治方向，突出群众主体地位，立足基层实际，依托"1+7+N"校地宣传思政联盟（"1"是指增城区委宣传部，"7"是指增城7所民办高校，"N"是指区教育局、团区委、各镇街、增城开发区园区发展局等单位），积极探索理论宣讲新路径、新渠道、新形式，采用"线上+线下"融合、"固定+流动"整合、"文艺+宣讲"结合等方式，以深入推进理论宣讲校地结对为契机，搭建大宣传思政新平台。广州市增城区2022年被中宣部授予"全国基层理论宣讲先进集体"荣誉称号。2023年以来，江门创新运用"艺术党课"开展基层思想政治教育宣讲。"有趣味、有侨味"的"音乐党课"在江门市新会人民会堂举行，课堂融入党史金句传诵、现场拉歌比拼、全体合唱、党史故事讲解等环节，创意改编的咸水歌，以群众喜闻乐见的形式，有力推动党的创新理论飞入寻常百姓家，做到家喻户晓、深入人心。

四是完善公共文化服务体系，打造文化传承高地。 习近平总书记在党的十九大报告中提出，完善公共文化服务体系，深入实施文化惠民工程，丰富群众性文化活动。党的十八大以来，"全民阅读"多次被写入政府工作报告。"十四五"规划和2035年远景目标纲要也明确提出"深入推进全民阅读，建设'书香中国'"。这一系列重要指示和重磅举措，共同助力公共文化事业和全民阅读事业加速推进，推动文化事业高质量发展。近年来，广东采取了多种举措，不断完善现代公共文化服务体系，不断强化高品质文化供给，丰富群众精神文化生活。截至2022年5月，广东共建成县级以上公共图书馆150家、博物馆366家、乡镇（街道）综合文化站1614个、行政村（社区）综合性文化服务中心25000多个，公共文化基础设施基本实现省、市、县、镇、村五级全覆盖。截至2022年底，广东共有备案博物馆377家，数量居全国第四位；国家一、二、三级博物馆82家，定级总量居全国第二位；博物馆藏品总数251.98万件/套，数量居全国第四位。以广州为例，有逾四分之一的广州市民是图书馆的读者。广州全市 176 个镇街均设立有公共图书馆（分馆），图书馆覆盖率达到 100%，全市公共图书馆（分馆）建筑面积为 54.83 万平方米，能提供阅读服务的图书馆总馆、分馆、服务点、阅读空间等已超过 1400 个，堪称图书馆"千馆之城"。

在广东视察时，习近平总书记格外关注当地历史文化的保护和传承。在广州永庆坊，习近平总书记沿街察看旧城改造、历史文化建筑修缮保护情况，走进粤剧艺术博物馆，同粤剧票友亲切交谈，希望他们把粤剧传承好发扬好。习近平总书记察看潮州非遗文化作品时强调，要加强非物质文化遗产保护和传承，积极培养传承人，让非物质文化遗产绽放出更加迷人的光彩。

近年来，广东牢记总书记的殷殷嘱托，深入实施岭南文化"双创"工程，将其列为文化强省建设"六大工程"之一，绽放岭南文化新光彩，实现文化发展新突破，助推广东高质量发展。在日前由文化和旅游部、广东省人民政府主办的 2023 非遗品牌大会上，英歌、广东音乐、客家山歌等国家级非遗代表性项目展演，让观众再度领略了岭南文化的非凡魅力。大会现场，近 150 个品牌参展，签约项目共 10 个，签约金额近 3.3 亿元。这些都是岭南文化持续焕发新活力的生动体现，彰显了岭南文化的自信自强。

三、在谱写现代文明新篇章中讲好中国式现代化的广东故事

随着我国物质文明、政治文明、精神文明、社会文明、生态文明协调发展，经济实力、科技实力、综合国力跃上新台阶，中国这个古老而又现代的东方大国朝气蓬勃、气象万千。在庆祝中国共产党成立100 周年大会上，习近平总书记宣告，我们坚持和发展中国特色社会主义，"创造了中国式现代化新道路，创造了人类文明新形态"。在党的

二十大报告中，习近平总书记提出"不断丰富和发展人类文明新形态"。在学习贯彻党的二十大精神研讨班开班式上，习近平总书记指出，中国式现代化是一种全新的人类文明形态。在文化传承发展座谈会上，习近平总书记强调"建设中华民族现代文明"。人类文明新形态的成功创造，让中华文明再次站到人类文明进步潮流的最前沿。

发展人类文明新形态、建设中华民族现代文明都是探索性事业，还有许多未知领域，需要在实践中去大胆探索。锚定"走在前列"总目标，传承弘扬广东改革开放开创者先行者的改革精神、革命精神，无私无畏、有胆有识，敢闯敢试、敢为人先，是广东的使命所系、责任所在、担当所为。广东将全面贯彻落实党中央决策，继续发扬广东独特优势，推动各项事业取得新进展新成就。广东不仅要在经济发展上走在前列，还要在政治、文化、社会、生态文明等各领域全方位走在前列，全面体现中国式现代化的中国特色，在改革开放最前沿充分彰显中国式现代化的无比优越性和强大生命力；不仅要以生动实践探索更多路径选择、丰富完善现代化的中国方案，还要深刻诠释中国式现代化的独特世界观、价值观、历史观、文明观、民主观、生态观，精彩演绎中华民族现代文明的无穷魅力。

（一）中华民族现代文明是对西方现代文明的超越

对历史最好的继承，就是创造新的历史；对人类文明最大的礼敬，就是创造人类文明新形态。党的十八大以来，以习近平同志为核心的党中央团结带领全国各族人民，坚持把马克思主义基本原理同中国具体实际相结合、同中华优秀传统文化相结合，凝聚奋斗与思考，承继光荣与梦想，激活了中华文明的强大生命力，党和国家事业取得历史性成就、发生历史性变革。2023 年 6 月 2 日，在文化传承发展座谈会上，习近平总书记提出"建设中华民族现代文明"这一重大问题，作出"中国式现代化是中华民族的旧邦新命，必将推动中华文明重焕荣光"这一重大判断，犹如航标，为我们在新的起点上建设中华民族现代文明提供了根本遵循。

中华优秀传统文化有很多重要元素，比如，天下为公、天下大同的社会理想，民为邦本、为政以德的治理思想，九州共贯、多元一体的大一统传统，修齐治平、兴亡有责的家国情怀，厚德载物、明德弘道的精神追求，富民厚生、义利兼顾的经济伦理，天人合一、万物并育的生态理念，实事求是、知行合一的哲学思想，执两用中、守中致和的思维方法，讲信修睦、亲仁善邻的交往之道等。它们共同塑造出中华文明的突出的连续性、创新性、统一性、包容性和和平性。这也就决定了中华民族现代文明必然同西方现代文明有着诸多的区别。最为根本的区别，就是两种文明遵循的逻辑不同。西方现代文明遵循的是资本逻辑，以资本为中心；中华民族现代文明遵循的是人的逻辑，以人民为中心。从历史上看，西方现代文明确实是按照资本逻辑发展起来的，没有资本的出现，就没有西方现代文明的兴起；没有资本的发展，就没有西方现代文明在世界范围内的传播与扩展。资本成为西方现代文明的决定性力量。中华民族现代文明与之相反，它首要关注的是人的生存发展，所要追求的是人民的根本利益，最终实现社会全面进步、人的全面发展。这是中华民族现代文明最为显著的特点和本质特征。中华民族现代文明所遵循的人的逻辑是从多方面体现出来的：

鲜明的价值指向。一种文明的核心，就在于包含其中的价值观。无论是价值目标、价值追求，还是价值标准、价值选择，都既是文明的具体体现，又在深层上支配和统摄着文明的发展。独特的价值观决定着独特的文明。中国式现代化所显示的文明，其鲜明的价值指向就是以人民为中心。让现代化更好回应人民各方面诉求和多层次需要，让现代化建设成果更好惠及全体人民，不断增强人民群众的获得感、幸福感、安全感，这就是中国式现代化的价值追求。近年来，我国在现代化发展过程中所提出的各种理念，如人类命运共同体理念、新发展理念、人与自然和谐共生理念等，就是这种价值追求的具体体现。这些理念围绕的一个核心、贯穿的一条主线，就是以人民为中心，出发点和落脚点就是实现人民对美好生活的向往。这些理念同时付诸实践，在发展的各方面都体现了这样的价值立场，因而其文明是凸显人的价值的文明。

独特的发展道路。西方现代文明由其资本逻辑所决定，所走的必然是体现资本意志的文明道路，文明的发展是按照资本逻辑推进的。中华文明则走的是另外一条道路，在其现代化的发展过程中，主要是按照人的发展的具体内容和推进要求来展开的。就人的发展的具体内容来看，涉及的是多方面的，既有人的能力、素质的发展，又有人的劳动活动、社会关系的发展，还有人的个性的发展等。中华民族现代文明就是适应人的各方面发展需要形成和发展起来的。中国特色社会主义的经济、政治、文化、社会、生态文明建设是具体的体现，其文明的全面性就反映了人的发展的全面性。就人的发展的推进要求来看，也是有其前提的。首先是要满足物质生活需要，而后在此基础上再不断满足其他需要。总之，中华民族现代文明发展之路就是按照人的发展的具体内容和推进要求形成的。由于它是以社会主义为制度保证的，因而我们的文明发展之路又称为中国特色社会主义道路。

坚实的依托力量。不同的文明有着不同的主体性。西方现代文明的主体性实质上是资本的主体性，个人主义是适应资本的需要发展起来的。与之相反，中华民族现代文明始终高扬的是人民的主体性，人民性是其显著特点。坚持人民主体地位，充分调动人民积极性，是中国式现代化和人类文明新形态建立的强大根基。中国式现代化和人类文明新形态之所以能够创立并产生世界性影响，正是因为依靠了人民。在人类文明新形态中，认识上的每一次突破和创新，实践上的每一个文明成果的产生和创造，无不来自亿万人民的实践和智慧。不仅如此，对于现代化和文明成果的衡量和检验，我们党也始终坚持把人民拥护不拥护、赞成不赞成、高兴不高兴、答应不答应作为根本标准。这正是能够使现代化和文明取得巨大成功的秘诀。

深刻的人类关切。随着全球化的深入发展，人类文明一方面发展到了历史最高水平，另一方面又走到了新的十字路口。文明何去何从？中国出于对人类命运的深刻关切，响亮地提出了"构建人类命运共同体"。人类命运共同体以人类为主体，以合作共赢为价值旨归，为人类文明发展指明了方向。人类命运共同体作为一种新的文明理念，首先是突出了共同利益观，将全球化视为一个利益整体和利益链条，把全球的利益看作每个国家自己的利益。这就要求正确处理全球利益与民族利益的关系。其次是突出了共同价值观，明确提出和平、发展、公平、正义、民主、自由是全人类的共同价值，反映了全人类的根本利益，表达了对人类文明发展进步的强烈追求，其价值导向就在于既要造福自身，又要造福世界。这些观点并不仅仅是一种理念，而且在变为切实的行动。像"一带一路"的倡议和建设，全球治理的参与和推动，就是具体的践行。

牢记空谈误国，实干兴邦，坚定信心、同心同德，埋头苦干、奋勇前进。要用创新增添文明发展动力，激活文明进步源头活水，不断创造出跨越时空、富有永恒魅力的文明成果。

（二）深刻把握新的文化使命，在赓续历史文脉中谱写广东新篇章

当前，谱写现代文明的广东新篇章，要坚持以习近平新时代中国特色社会主义思想为指导，牢牢把握新时代新的文化使命，锚定"走在前列"总目标，围绕落实广东省委"1310"具体部署，聚焦聚力用党的创新理论武装全党、教育人民的首要政治任务，发展壮大主流价值、主流舆论、主流文化，为推进中国式现代化的广东实践提供坚强思想保证、强大精神力量、有利文化条件。

坚持以文立心、凝心铸魂，坚持不懈用党的创新理论武装头脑、指导实践、推动工作。深刻认识习近平新时代中国特色社会主义思想的指导地位，以习近平新时代中国特色社会主义思想传播工程为抓手，持续推动用习近平新时代中国特色社会主义思想武装头脑、指导实践、

推动工作，努力建设具有强大凝聚力和引领力的社会主义意识形态，凝聚共同奋斗的强大精神力量。突出抓好理论宣传、新闻宣传、社会宣传等重点，创新方式方法，持续推动党的创新理论"飞入寻常百姓家"。要在原原本本学、原汁原味学的基础上，做好深化和转化两篇文章，推动理论学习制度化、理论研究走深走实、理论宣传大众化，引导党员干部深刻感悟习近平新时代中国特色社会主义思想的强大真理力量和实践伟力，深刻感悟总书记对广东山高水长的关怀厚爱和殷切期待。

坚持以文聚力、加油鼓劲，巩固壮大奋进新时代的主流思想舆论。万山磅礴，必有主峰。习近平新时代中国特色社会主义思想是中华文化和中国精神的时代精华。巩固壮大主流思想舆论，必须深刻把握新形势新任务赋予的新定位新要求，深入学习贯彻习近平文化思想，坚定正确政治方向，深刻领悟"两个确立"的决定性意义，坚决做到"两个维护"，用好党的创新理论这一强大思想武器和科学行动指南，通过"大中见小""小中见大"，把习近平总书记重大要求融化在心里、体现在工作中，做到让党中央放心、让人民群众满意、经得起历史检验。要充分发挥新闻舆论的引导作用，持续巩固壮大以习近平新时代中国特色社会主义思想为核心的主流思想舆论，让党的声音传得更开、更广、更深入，为强国建设、民族复兴提供有力舆论支持。要毫不动摇强化理论武装，做好主流舆论引导，注重网络舆论引导，共筑新时代主流舆论新态势。要扛牢使命担当，面对建设现代化新广东的奋斗目标，提振精气神，汇聚正能量；面对意识形态领域的复杂形势，发扬斗争精神，筑牢安全防线；面对迅猛发展的信息化浪潮，主动识变应变，有力有效应对互联网时代的重大考验。要认真履职尽责，坚持不懈用党的创新理论凝心铸魂，巩固壮大建功新时代的主流思想舆论，按照"干部要干、思路要清、律己要严"的要求，不断开创宣传思想文化工作新局面，引导各族人民凝心聚力担使命、团结奋进新征程。

　　坚持以文载道、成风化俗，涵养向上向善、刚健朴实的文化。父老乡亲的价值取向、文明程度、精神风貌，影响着现代化建设的格局、气象、高度。这需要广泛践行社会主义核心价值观，继承革命精神、传承红色基因，弘扬民族精神和时代精神，弘扬科学家精神、优秀企业家精神、劳动精神，选树时代楷模、改革先锋；统筹文明培育、文明实践、文明创建，推进城乡精神文明建设融合发展，着力推进理想信念教育常态化制度化，形成与"走在前列"总目标相适应的思想观念、精神面貌、文明风尚。深入实施公民道德建设工程，扎实开展"文明与法""礼在广东""志愿广东"等道德实践活动，强化先进典型示范引领作用，引导全社会见贤思齐、崇德向善。全面加强农村精神文明建设，抓好农耕文化传承保护，持续推进农村移风易俗，培育文明乡风、良好家风、淳朴民风。

　　坚持以文化人、惠民利民，满足人民群众精神文化生活新期待。坚持以人民为中心，是习近平文化思想的鲜明本色和根本立场。树立以人民为中心的工作导向，坚持把社会效益放在首位，社会效益和经济效益相统一，为广大人民群众提供更丰富、更有营养的精神食粮。广东深厚悠久的历史文化，波澜壮阔的改革开放实践图景，特别是新时代推进中国式现代化最前沿、最火热的现实素材，为文艺创作提供了无比广阔的空间。着眼展现新时代的精神气象，打造更多反映时代之变、中国之进、人民之呼的文艺精品。满足人民对美好精神文化生活的新期待，需要有更优质高效的公共文化服务。广东着力以"一刻钟文化圈"为目标完善空间发展规划布局，以数字化社会化为抓手构建公共文化服务新场景，推动城乡公共文化服务一体化。推动文化产业高质量发展，培育战略性新兴文化产业集群，全面提升文化产业发展能级。创新落实文化经济"政策包"，实施重大文化产业项目带动战略，培育文化领域领军企业和专精特新中小企业群，高标准打造深圳文博会、广州文交会等平台，高水平建设珠江两岸数字创意产业带等集聚区。

　　坚持以文传声、融通中外，打造展示中华民族现代文明的重要窗口。广东文明地处岭南，既是中原文化和海外文化的结合，又体现出内陆农业文化和沿海商贸文化的交融，具有中西兼顾、内外兼容、兼收并蓄的特质，使得多种世界文明在广东交融碰撞，并转换成一种具有岭南魅力的文明风格。广东在地理位置上是"交会处"，在文化上是"交融处"，历来有文化交流交融的传统。在文化强省建设中，要善于在文艺创作中融汇岭南文化，融入亲情、友情、梦想等人类共通情感；要让社会主义核心价值观更加深入人心，物质文明和精神文明发展更加协调，文化软实力显著增强；要面向不同群体选择适当的表达方式，推动岭南文化焕发时代光彩；要善于用中国文化讲好中国故事，用中国道理总结好中国经验，助力构建中国自主知识体系，让世界更好地认识和认同中华民族现代文明。广东是展示我国改革开放成就的重要窗口和国际社会观察我国改革开放的重要窗口，讲好中国故事、大湾区故事、广东故事是我们肩上义不容辞的文化责任。我们要持续擦亮岭南文化名片，推动广东文艺精品、文化成果更好地"走出去"，让世界以广东这扇"窗"，看到中华文明的时代价值与世界意义。

　　坚持以文夯基、立破并举，牢牢守好意识形态安全"南大门"。意识形态工作是为国家立心、为民族立魂的工作。意识形态安全关乎旗帜、关乎道路，以其特有的精神和价值观对其他安全子系统发挥着"黏合剂"与"压舱石"的作用。当前，国内外意识形态斗争形势仍然复杂严峻，广东地处"两个前沿"风口浪尖更是首当其冲。要清醒认识到意识形态安全面临的风险挑战，坚决守好意识形态安全阵地，抵御西方敌对势力进行的意识形态渗透，坚决同各种错误思想作斗争。要居安思危、系统谋划，形成齐抓共管意识形态工作的系统工程：坚守主阵地，深入实施习近平新时代中国特色社会主义思想传播工程，持续推动党的创新理论深入人心，牢牢掌握意识形态工作领导权；弘扬主旋律，壮大主流舆论，不断凝聚奋进新征程的思想力量；筑牢"护城河"和"防火墙"，精准研判意识形态新动向、网民群体思想新特征、网络传播新规律、数字治理新趋势，提升网络意识形态安全工作的前瞻性、精准性、协同性和创新性；打好"组合拳"，强化部门协同，提升治理艺术，有针对性地治理网络思潮、舆情事件，把党管意识形态原则落实到意识形态各类阵地，形成多部门协调配合、综合治理、引导舆情的网络意识形态工作大格局，坚决守好意识形态安全"南大门"。

宣传思想文化战线必须坚持和加强党的全面领导，为担负起新的文化使命提供坚强政治保证。中国共产党领导是中国特色社会主义最本质的特征，是中国特色社会主义制度的最大优势。习近平总书记强调，党性原则是党的新闻舆论工作的根本原则，"党性原则不仅要讲，而且要理直气壮讲，不能躲躲闪闪、扭扭捏捏"①。巩固壮大主流思想舆论，必须始终将党的领导贯穿于宣传思想文化工作的全过程和各方面，牢牢掌握中国共产党对于意识形态工作的领导权、管理权、话语权。要把牢政治方向、站稳政治立场、锤炼政治能力，坚定宣传党的理论和路线方针政策，坚定宣传中央重大工作部署，坚定宣传中央关于形势的重大分析判断，自觉在思想上政治上行动上同以习近平同志为核心的党中央保持高度一致。党的十八大以来，党和国家事业取得历史性成就、发生历史性变革，为中国式现代化提供了更为完善的制度保证、更为坚实的物质基础、更为主动的精神力量。推进中国式现代化，既需要强大的物质力量，也需要更为主动的精神力量。我们要敢于举旗亮剑、善于引领发声，让党的主张成为时代最强音，生动鲜活讲好广东故事，提高新闻舆论引导能力，为现代化新广东建设汇聚强大奋进力量。

促发展争在朝夕，抓落实重在实干：把准方向，把总书记的战略擘画变为现实；锚定目标，自觉肩负起沉甸甸的历史责任；坚定信心，把握好利用好广东"十大优势"，把省委"1310"具体部署细化实化

---

① 《论党的宣传思想工作》，中央文献出版社 2020 年，第 181 页。

具体化，勠力同心、真抓实干，奋力书写中国式现代化广东新篇章。

思考题：

1. 结合本行业领域与本职工作，请谈一谈如何更好书写中华民族现代文明的广东篇章。

2. 如何理解中国式现代化是物质文明和精神文明相协调的现代化？

结语 以"再造一个新广东"的闯劲干劲拼劲向着新目标再出发

2023年初，广东省召开第一次全省高质量发展大会。在会议上，广东省委书记黄坤明指出："扎扎实实抓好今年，抓好5年，再深耕10年、30年，必定能再造一个新广东、再创让世界刮目相看的新奇迹。"2024年初，广东省召开第二次全省高质量发展大会，黄坤明书记在会议上继续指出："我们要坚定不移走好高质量发展之路，抓住科技创新这个'牛鼻子'，把创新落到企业上、产业上、发展上，奋力建设一个靠创新进、靠创新强、靠创新胜的现代化的新广东。"两次大会，聚焦同一个主题，以"再造一个新广东"的决心完成"走在前列"总目标，使广东成为中国式现代化和中华民族现代文明的展示窗口，已经成为广东全省上下共同的心声。

"再造一个新广东"是完成"走在前列"总目标的前提和基础，"走在前列"总目标是"再造一个新广东"的更高方向和光荣使命。要完成这一使命任务，就必须充分认知"再造一个新广东"的根本要求，清醒看到前进中的困难问题挑战，坚持抓重点、扬优势、补短板、强弱项，一步步朝着总目标迈进。

第一，科学明晰广东所处的历史方位。当前，世界百年未有之大变局与中华民族伟大复兴的战略全局同步交织，相互激荡；新一轮科技革命正在蓄势待发。作为改革开放先行地、全国经济第一大省，广东在全国大局中的地位和作用举足轻重。在新时代新征程中，广东要在服从大局、服务大局中推进现代化建设，按照"走在前列"总目标，以大格局大视野谋划现代化战略，以新担当新作为新成绩在改革开放最前沿充分彰显习近平新时代中国特色社会主义思想的强大真理力量、实践伟力。要做中国式现代化的引领地，广东就必须始终胸怀"国之大者"，坚持走中国特色社会主义道路，把握战略主动和发展主动权，激活改革、开放、创新"三大动力"，在政治经济社会文化生态等全领域大胆破局、科学谋划，塑造新的体制机制优势，破解制约广东的城乡区域发展不平衡、关键核心技术突破实力不足等问题，为走好中国式现代化道路提供发展范例、广东智慧。

第二，把握好利用好广东所拥有的优势基础和条件。改革开放以来，广东一直以敢闯敢试、敢为人先的改革精神引领全国。经济总量连续 35 年位居全国第一，区域创新能力连续 6 年排名全国首位，产业基础雄厚，粤港澳大湾区一体化建设不断深入。广东拥有明显的国家战略叠加优势，拥有建设粤港澳大湾区的大机遇，集深圳先行示范区和横琴、前海、南沙三大合作平台于一身，粤港澳大湾区国际科技创新中心、综合性国家科学中心、高水平人才高地和鹏城实验室、广州实验室密集布局，现代化建设的基础性、战略性支撑不断夯实。广东有 1.27 亿常住人口，居民恩格尔系数为 34.3%，在构建全国统一大市场的大背景下，随着"百县千镇万村高质量发展工程"深入实施，更多的需求将汇聚到广东，巨量投资和消费需求将释放出来，强大市场将进一步成为广东的硬实力；广东拥有良好的发展环境优势。广东大局稳定、社会安定，市场化、法治化、国际化营商环境好，全省 1700多万市场经营主体蓬勃发展，是广受海内外青睐的投资热土、创业沃土；广东拥有独特的岭南文化，其兼容并蓄、海纳百川的价值追求、精神特质、文化品格已经融入日常、融入血脉，构成广东奋进新征程的内在精神支撑。除此之外，广东还拥有强大的要素禀赋动态升级优势、综合制造优势、生态优势等等。对于这些优势，广东要充分利用、科学利用，使其发挥更大效能。

第三，紧紧抓住高质量发展这一根本要求。高质量发展是全面建设社会主义现代化国家的首要任务。习近平总书记指出："高质量发展，就是能够很好满足人民日益增长的美好生活需要的发展，是体现新发展理念的发展。"① "高质量发展不只是一个经济要求，而是对经济社会发展方方面面的总要求；不是只对经济发达地区的要求，而是所有地区发展都必须贯彻的要求；不是一时一事的要求，而是必须长期坚持的要求。"② 2023 年底召开的中央经济工作会议，明确提出"必须把坚持高质量发展作为新时代的硬道理"。广东要推动实现高质量发展，要作高质量发展的表率和示范，就要完整、准确、全面贯彻新发展理念，始终以创新、协调、绿色、开放、共享的内在统一来把握发展，以新质生产力为抓手，加快实现高水平科技自立自强；要加快建设现代化经济体系，更好统筹质的有效提升和量的合理增长，始终坚持质量第一、效益优先，大力增强质量意识，视质量为生命，以高质量为追求；要加快构建双循环新发展格局，深化扩大改革开放，深入转变发展方式，以效率变革、动力变革促进质量变革，加快形成可持续的高质量发展体制机制；始终以满足人民日益增长的美好生活需要为出发点和落脚点，把发展成果不断转化为生活品质，不断增强人民群众的获得感、幸福感、安全感。2023 年，广东省委发布《关于新时代广东高质量发展的若干意见》，明确提出要把高质量发展作为广东现代化建设的首要任务和总抓手，我们要打破思维定式，转变思想观念，紧盯本地区本部门本单位影响和制约高质量发展的问题短板及其根源，开展靶向治疗，正确处理速度和质量、发展和安全、发展和环保等重大关系，不断提高推动高质量发展的系统性、整体性、协同性。

第四，坚持和加强党的全面领导。党的二十大报告鲜明提出了前进道路上必须牢牢把握的"五个重大原则"，其中把"坚持和加强党的全面领导"作为首要原则。全面建设社会主义现代化国家、全面推

---

① 《习近平著作选读》第 1 卷，人民出版社 2023 年版，第 67 页。
② 《坚定不移走高质量发展之路　坚定不移增进民生福祉》，《人民日报》2021 年 3 月 8 日。

进中华民族伟大复兴，关键在党。广东要实现"走在前列"总目标，就必须把推进中国式现代化作为最大的政治，坚定自觉，坚持"两个确立"、做到"两个维护"，坚决扛起习近平总书记赋予广东的使命任务，深化自我革命，全面从严治党，以高质量党建引领和保障广东高质量发展、现代化建设。要加强党的思想建设，掌握好运用好习近平新时代中国特色社会主义思想的科学世界观和方法论，始终用习近平新时代中国特色社会主义思想凝心铸魂；要深入推进党的政治建设，始终保持政治敏锐性，不断提高政治判断力、政治领悟力、政治执行力，把坚持"两个确立"、做到"两个维护"贯穿广东现代化建设全过程各方面；要深入贯彻新时代党的建设总要求和新时代党的组织路线，推进基层建设，严密上下贯通、执行有力的组织体系，不断增强各级党组织政治功能和组织功能；要深入推进选贤任能，实施干部现代化能力提升计划，推进粤港澳大湾区高水平人才高地建设，着力打造堪当重任的高素质干部人才队伍；要深入推进正风肃纪反腐，不断巩固发展风清气正的良好政治生态，为广东发展提供坚强政治保证和组织保证。

2024年是新中国成立75周年，是改革开放46周年。我们要全面贯彻落实党的二十大、二十届二中全会和中央经济工作会议精神，深入贯彻落实习近平总书记视察广东重要讲话、重要指示精神，围绕"锚定一个目标，激活三大动力，奋力实现十大新突破"的"1310"具体部署，把握大局、顺应规律、立足实际，大力弘扬"闯"的精神、"创"的劲头、"干"的作风，在继往开来中再闯新路，在苦干实干中再创新业，在攻坚克难中再开新局，以"走在前列"的奋斗与业绩，努力创造让世界刮目相看的新的更大的广东奇迹。

参考文献

1. 《马克思恩格斯选集》第 1 卷，人民出版社 2012 年版。

2. 《毛泽东选集》第 3、4 卷，人民出版社 1991 年版。

3. 《周恩来选集》下卷，人民出版社 1984 年版。

4. 《邓小平文选》第 3 卷，人民出版社 1993 年版。

5. 《江泽民文选》第 2 卷，人民出版社 2006 年版。

6. 《胡锦涛文选》第 3 卷，人民出版社 2016 年版。

7. 《习近平著作选读》第 1、2 卷，人民出版社 2023 年版。

8. 《习近平谈治国理政》第 1 卷，外文出版社 2018 年版。

9. 《习近平谈治国理政》第 2 卷，外文出版社 2017 年版。

10. 《习近平谈治国理政》第 3 卷，外文出版社 2020 年版。

11. 《习近平谈治国理政》第 4 卷，外文出版社 2022 年版。

12. 习近平：《之江新语》，浙江人民出版社 2007 年版。

13. 中共广东省委党校编：《牢记嘱托　再创新局——学习贯彻习近平总书记对广东重要批示精神辅导读本》，广东人民出版社 2017 年版。

14. 中共广东省委党校编，周峰主编：《大学习　深调研　真落实》，广东人民出版社 2022 年版。